Klaus Huhn

Mörder sind unter uns

SPOTLESS

Der Autor bedankt sich bei Raoul Gefroi, der seinerzeit als Ermittler bei diesem Verbrechen tätig war. Dieses Buch fußt zu großen Teilen auf seiner Materialsammlung. Dank geht auch an zahlreiche tschechische Freunde und Mitglieder der GRH für ihre tätige Mithilfe.

spotless erscheint im Verlag Das Neue Berlin
Redaktion: Frank Schumann

Bezug im Abonnement: 12 Ausgaben im Jahr
Jahresabonnement Inland 59,50 Euro
Europa 74,50 Euro, Welt 84,50 Euro
Einzelausgabe: 5,95 Euro

ISBN 978-3-360-02035-2

1. Auflage

Umschlaggestaltung/Satz:: edition ost
Cover-Foto: Robert Allertz, Bahnhof Uckro-Luckau.
Kleine Fotos: Die Mörder Ctirad Masin (oben) und Josef Masin, 1950

Druck und Bindung: Salzland Druck, Staßfurt

Ein Verlagsverzeichnis schicken wir Ihnen gern:
Das Neue Berlin Verlagsgesellschaft mbH
Neue Grünstr. 18, 10179 Berlin
Fax 01805/35 35 42
Tel. 01805/30 99 99 (0,14 Euro/Min., Mobil max. 0,42 Euro/Min.)

Die Bücher von spotless und des Verlages Das Neue Berlin erscheinen in der Eulenspiegel Verlagsgruppe.

www.edition-ost.de

Inhalt

I. Vor über fünfzig Jahren

Kennwort: Politischer Mord

Der Mordtatbestands-Paragraf zählt nur 35 Worte, in den Strafgesetzbüchern anderer Länder ist er selten länger. In der BRD gilt: »Mörder ist, wer aus Mordlust, zur Befriedigung des Geschlechtstriebs, aus Habgier oder sonst aus niedrigen Beweggründen, heimtückisch oder grausam oder mit gemeingefährlichen Mitteln, um eine andere Straftat zu ermöglichen oder zu verdecken, einen Menschen tötet.«

Fast alle Autoren solcher Paragraphen – die erste Fassung entstammt der Bibel, die die Todesstrafe forderte – hatten darauf verzichtet, auch Politik als Mord-Motiv zu erwähnen. Das hatte für Deutschland unheilvolle Folgen, was die Morde an Rosa Luxemburg und Karl Liebknecht in besonders krasser Weise bewiesen. Beide waren 1919 durch deutsche Soldaten ermordet worden, gegen die zwar formale Verfahren vor einem Feldgericht geführt wurden, die jedoch mit skandalös geringen Haft- oder Geldstrafen endeten. Seitdem galt im bürgerlichen Deutschland – das faschistische ist in diesem Zusammenhang begreiflicherweise nicht zu erwähnen – die juristische Regel: Kommunisten zu ermorden sichert mildernde Umstände!

Der Offizier, der den Tätern damals den Befehl erteilt hatte, die beiden umzubringen – Waldemar Pabst –, blieb nach 1919 unbehelligt und war erst nach Ende des Zweiten Weltkriegs in die Schweiz geflohen, weil er befürchtete, dass er auf die Anklagebank eines antifaschistischen Kriegsverbrecherprozesses geraten könnte, kehrte aber 1955 unbesorgt in die Bundesrepublik zurück und damit in das Land, in dem ihn der auch für die Justiz verbindliche strikte Antikommunismus vor allem Ärger bewahrte. Er war sich so sicher, dort von niemandem mehr belangt zu werden, dass er im Januar 1962 in einem rechten Blatt seinen einstigen Mordbefehl sogar noch selbstherrlich rechtfertigte: »Es lag nur im Interesse unseres Deutschlands, dass wir es damals vor dem Schicksal bewahrten, das ihm heute Herr Ulbricht und seine Drahtzieher bereiten möchten. Der Sieg des Kommunismus hätte bereits 1919 das gesamte christliche Abendland zum Einsturz gebracht. Die Beendigung dieser Gefahr wog bestimmt wesentlich mehr, als die Beseitigung von zwei politischen Verführern.«

Niemand hielt damals dortzulande eine solche öffentliche Mord-Begründung für ein Vergehen, das die Justiz zu verfolgen hätte!

Im Gegenteil: Die Bundesregierung legalisierte diese Haltung in ihrem offiziellen »Bulletin« – nachgedruckt im *Spiegel* Nr. 16 des Jahrgangs 1962 –: »Das ›Bulletin‹ des Presse- und Informationsamtes der Bundesregierung machte sich daraufhin die Lesart von Pabst über die damaligen Ereignisse zu eigen und nannte die Nacht-und-Nebel-Liquidierung der beiden Kommunisten ›standrechtliche Erschießung‹. Die in der DDR lebende Sophie Liebknecht, die Witwe von Karl, ließ inzwischen gegen Bundespressechef von Eckardt beim Bonner Oberstaatsanwalt Strafanzeige wegen ›Verherrlichung von Mord‹ erstatten.«

Nicht zutreffend war nur der Wohnort von Sophie Liebknecht, die tatsächlich in Moskau lebte.

Der Historiker Klaus Gietinger schrieb zwei Bücher über Pabst, der nach seiner Rückkehr in die BRD als Waffenhändler zu beträchtlichem Wohlstand gelangte und dort 90-jährig im Jahre 1970 verstarb. In der erwähnten Verlautbarung der Bundesregierung war auch noch betont worden, dass nur durch die »standrechtliche Erschießung« von Luxemburg und Liebknecht, Deutschland »vor dem Kommunismus gerettet« werden konnte.

Daran muss erinnert werden, weil diese Morde von vielen als die klassischen politischen Morde in Deutschland betrachtet werden, was durch die Bestätigung der Bundesregierung den »Rechtsstaat« hinreichend illustriert.

Auf diese – hinlänglich bekannten – Feststellungen konnte am Beginn dieses Buches nicht verzichtet werden, weil es eine Serie von politischen Morden behandelt und sich mit deren Bewertung durch die Justiz der Bundesrepublik Deutschland befasst.

Es geht um Verbrechen einer Bande, die unter Führung der tschechischen Brüder Ctirad und Josef Masin in der Tschechoslowakei und in der DDR begangen worden waren und sechs Menschenleben gefordert hatten.

Ihre in Deutschland begangenen Verbrechen sind bis heute in Deutschland nie bestraft worden, obwohl Morde nach deutschem Recht nicht verjähren. Was dieses Versäumnis noch schwerwiegender erscheinen lässt als die Morde an Luxemburg und Liebknecht – so das überhaupt möglich ist – war die erschütternde Tatsache, dass die Mörder nach 1990 mit interessierten Familienangehörigen die Tatorte unbehelligt fast wie Ehrengäste besuchen konnten, vor Publikum – zum Beispiel in einem vom öffentlich-rechtlichen Fernsehen der BRD ausgestrahlten Film – als »Freiheitskämpfer« gefeiert wurden, niemand ihre Anhänger daran hinderte, »Gedenkmärsche« zu den Tatorten zu arrangieren und offizielle Vertreter der Bundesregierung bei einer Veranstaltung der tschechischen Botschaft in Berlin einen der Mörder willkommen hießen.

Über die Quellen

Die Gebrüder Ctirad und Joseph Masin wurden in der Tschechoslowakischen Republik geboren. Ihr Leben ist vielfach in der Tschechei behandelt worden. Das umfangreiche Buch – Titel: »Bloß keine Angst« – schrieb der im Juni 2010 verstorbene Ota Rambousek, der das Duo in den USA, wo es derzeit lebt, so detailliert interviewte, dass jedes Gericht deren gedruckten Aussagen als verbindliche Geständnisse akzeptieren würde. Widersprüchliche Aussagen ranken sich nur um den Zeitpunkt des Erscheinens des Rambousek-Buchs. Der frühere CSR-Staatspräsident Vaclav Havel soll die Publikation während seiner Amtszeit untersagt haben. Dem steht die Tatsache entgegen, dass der seit 1968 im Exil lebende Autor 1999 von Havel mit der tschechischen Verdienstmedaille ausgezeichnet worden war.

Noch zu DDR-Zeiten war im Militärverlag ein Tatsachenbericht Frantisek Vrbeckys erschienen, der sich auf zahlreiche Protokolle stützte, die Aussagen der Masin-

Brüder nur aus Dokumenten zitierte. Vrbecky hatte seinen Bericht mit den Worten begonnen: »Als ich die mehrere hundert Seiten umfassende Gerichtsakte las, habe ich mich oft gefragt, wie das geschehen konnte, wie all das Schreckliche, das die Brüder Masin und ihre Kumpane angerichtet hatten, eigentlich begonnen hatte? Sie waren nicht kriminell oder abartig. Im Gegenteil. Durch die Verdienste des Vaters, eines Oberstleutnants der ehemaligen tschechoslowakischen Armee, erfreute sich die Familie Masin nach dem zweiten Weltkrieg großer Achtung. Bücher und Zeitungsartikel ehrten Josef Masin.«

Bliebe noch festzustellen, dass die Brüder in dem bereits erwähnten, 2001 von der ARD ausgestrahlten Dokumentarfilm vor laufenden Kameras ihre in der DDR verübten Morde ausführlich schilderten, wodurch die Autoren des hier vorliegenden spotless-Buches zu durchaus verbindlichen Aussagen gelangten.

Die Geschichte der Masins

Die Vorfahren der Masins entstammen einem angesehenen Bauerngeschlecht, das seit über dreihundert Jahren einen Hof in Losany bei Kolin bewirtschaftete. Der Vater der Brüder, Josef Masin, kam dort am 26. Januar 1896 zur Welt und wurde mit jungen Jahren Offizier. Im Ersten Weltkrieg gehörte er jener berüchtigten Tschechischen Legion an, die in Russland nach Ende des Ersten Weltkriegs auf Seiten der Zarenarmee gegen die Bolschewiki kämpfte. Hoch dekoriert kehrte er als Stabskapitän heim und wechselte sogleich in die nach dem

Untergang Österreich-Ungarns neu entstandenen Streitkräfte der Tschechoslowakischen Republik. In Olomouc begegnete er Zdenka Novakova, die er 1929 heiratete. Ihrer beiden Söhne Ctirad und Josef sollen streng erzogen worden sein, weil der Vater darauf hoffte, dass sie eines Tages wie er Karriere in der Armee machen würden.

Die politischen Ereignisse durchkreuzten seine Vorstellungen. Im September 1938 verrieten Engländer und Franzosen die Tschechoslowakei und schlossen mit Hitler das Münchener Abkommen. Vater Masins Wut soll damals grenzenlos gewesen sein. Er drohte, vor dem Einmarsch der faschistischen Truppen am 15. März 1939 die Kasernen in Ruzyne in die Luft zu sprengen. Als man ihn bald darauf aus der Armee entließ, tat er sich mit zwei ebenfalls demobilisierten Offizieren zusammen und bildete eine antifaschistische Widerstandsgruppe, die erfolgreich operierte und nach der die Gestapo lange vergeblich fahndete. Anfang Mai 1941 wurde Josef Masin bei einem Schusswechsel verwundet und verhaftet.

Alle Versuche, ihn durch Folter zu zwingen, die Namen seiner Gefährten zu verraten, scheiterten. Bei einem Versuch aus der Haft auszubrechen erschlug er einen Posten, wurde aber ergriffen. Dreimal versuchte er, sich das Leben zu nehmen. Daraufhin wurde er wochenlang gefesselt.

Nach dem erfolgreichen Anschlag auf den SS-Führer und »Reichsprotektor« Heydrich in Prag verurteilte man Masin und andere inhaftierte Widerstandskämpfer zum Tode und erschoss ihn am 30. Juni 1942. Kurz vor der Hinrichtung, gelang es ihm, jemandem einen Brief an seine Frau zuzuschmuggeln, der sie auch erreichte. Darin äußerte er auch als einen seiner letzten Wünsche, dass einer der beiden Söhne den Hof übernehmen möge.

Der ältere Sohn Ctirad hatte sich schon als 15-Jähriger einer Widerstandsgruppe angeschlossen, die bei Liberec gegen die Deutschen kämpfte.

Nach Kriegsende wurde Masins Witwe Zdenka hoch geehrt. Sie gehörte bald zu den Persönlichkeiten, die oft gemeinsam mit dem aus dem Londoner Exil heimgekehrten Präsidenten Edvard Benes auftrat. Der hatte Masin postum zum General befördert und seine Söhne »für persönliche Tapferkeit während des Krieges« mit Orden geehrt.

Die Witwe war zudem eine vermögende Frau, besaß neben dem Hof in Losany noch ein Mietshaus in Olomouc. Als sich erste politische Veränderungen in der Tschechoslowakei abzeichneten, soll sie schon bald Zweifel an der Entwicklung geäußert haben. Der Münchner Verrat von 1938 hatte entscheidend dazu beigetragen, dass Prag nach Kriegsende auf Distanz zu Washington, London und Paris ging und engere Beziehungen zu Moskau pflegte. In den einflussreichen Kreisen der Vorkriegsära und vor allem bei den aus dem Londoner Exil zurückgekehrten Politikern, wurde Kritik daran laut. Die Masinova – sowohl Gattin eines von den Faschisten ermordeten Widerstandskämpfers als auch den Exilpolitikern nahestehend – geriet bald zwischen die »Linien« und mühte sich, beiden Seiten Sympathie zu bekunden. Das führte auch zu Entscheidungen, die mit Risiken verbunden waren. So entschloss sie sich, eine von ihrem Mann stammende und von ihr verwahrte Kartei des Nachrichtendienstes aus der Zeit der Okkupation einem General Inger auszuhändigen, der sich damit bald darauf nach dem Westen absetze. Wenig später bekundete sie nicht nur Einvernehmen mit den Kommunisten, sondern kündigte sogar an, Mitglied in deren Partei zu werden. Da sie diese Doppelrolle oft überforderte, bat sie zunehmend ihren Bruder Ctibor Novak um Rat. Der, ein ehemaliger Abwehroffizier, bestärkte sie in ihrer Sympathie für beide Seiten, da er schon bald einschneidende Veränderungen im Land erwartete. Das Misstrauen der die Masinova umgebenden bürgerlichen Kräfte gegenüber der politischen Entwicklung wuchs rapide, als die Kommunisten bei den ersten Wahlen im Mai 1946 mit 38 Prozent stärkste Kraft im Lande wurden und ihr Vorsitzender Klement Gottwald Ministerpräsident wurde. In der von ihm gebildeten Regierung waren allerdings alle fünf im Land existierenden Parteien vertreten. Eine Krise entstand, als zwölf Minister der nichtkommunistischen Parteien am 20. Februar 1948 wegen der angeblich ungerechtfertigten Entlassung von Polizeibezirkschefs zurücktraten. Nach gescheiterten Versuchen, die ursprüngliche Koalition wiederherzustellen, entschloss sich Präsident Benes, die Zurückgetretenen durch kommunistische Minister zu ersetzen. Im Juni 1948 trat dann auch er als Präsident zurück. Er starb wenige Wochen später, und Gottwald wurde zum Präsidenten der Tschechoslowakei gewählt.

Diese Entwicklung führte in der Familie Masin zu Unmut gegenüber den Kommunisten. Die Söhne machten daraus kein Hehl. Der jüngere Sohn Josef sah keinen Sinn mehr in seinen ursprünglichen Plänen und schaffte die Abiturprüfung nicht, was die Mutter sehr beunruhigte. Sein Bruder Ctirad war allerdings immer noch überzeugt, zur Militärakademie zugelassen zu werden und eine Offizierslaufbahn einzuschlagen.

Im Umkreis der beiden erschienen zudem immer mehr Freunde, die der Mutter missfielen. Das galt vor allem für einen gewissen Vaclav Sveda, der keinen sonderlich guten Ruf genoss. Nicht minder kritisch beurteilte sie Zbynek Janata, den Sohn eines Schulinspektors, weil der bei einem Autodiebstahl erwischt worden war. Sehr skeptisch stand sie auch zu Milan Paumer.

Die Krise in der Familie erreichte allerdings erst ihren Höhepunkt, als Ctirad den abschlägigen Bescheid der Militärakademie bekam. Er entschloss sich über Nacht, aus seinem Umfeld eine »Widerstandsgruppe« zu formieren, die sich eines Tages nach dem Westen durchschlagen sollte. Später behauptete er, damals mit einem Krieg gerechnet zu haben, bei dem er »auf der richtigen Seite« habe kämpfen wollen.

Die bestürzte Mutter bat ihren Bruder um Hilfe. Der war inzwischen bei der Armee entlassen worden und betrieb einen Tabakladen. Er nahm die Pläne seiner Neffen zur Kenntnis, riet ihnen mit keiner Silbe ab, warnte aber nachdrücklich davor, gewaltsamen Widerstand zu organisieren. Das führte zu Zwist in der Familie und Ctirad begann, konkrete eigene Pläne zu schmieden. Das erste Ziel war, auf irgendeine Weise Waffen zu beschaffen, mit denen der »Widerstand« geleistet werden sollte. Als die anderen in der Gruppe davon erfuhren, waren sie sofort Feuer und Flamme.

Der erste Mord

Ctirad schilderte Rambousek den ersten Überfall für dessen Buch in allen Einzelheiten: »Als Ziel hatten wir uns die Polizeistation in Chlumec nad Cidlinou gewählt. Ein kleiner, von Wäldern umgebener unauffälliger Ort. Ich habe das Terrain genauestens erkundet. Zu unserer Ausrüstung gehörte von Anfang an die Fallschirmleine zum Fesseln. Die haben wir absichtlich verwendet, weil sie kaum jemand benutzte und wir annahmen, dass deshalb der Verdacht auf Täter aus dem Ausland, ehemalige Soldaten, Agenten westlicher Geheimdienste und ähnliche fallen würde. Und diese Annahme hat sich bestätigt.

Der Überfall fand am 13. September 1951 in den frühen Morgenstunden statt. Abends war ich gemeinsam mit Milan Paumer nach Prag gefahren, um an einen geeigneten Wagen für die Fahrt nach Hradec Kralove heranzukommen. Der ältere Taxifahrer zögerte erst, als er zwei junge Burschen sah, aber wir waren nüchtern, gut gekleidet und ich weiß schon nicht mehr, was wir als Grund für eine solche weite, dringende und plötzliche Fahrt angegeben hatten.

Wir fuhren bis an den Wald unweit von Kersk, wo ich den Fahrer aufforderte anzuhalten, weil wir mal ›austreten‹ mussten. Sobald wir aus dem Wagen gestiegen waren, zwang ich den Taxifahrer mit der Pistole auch auszusteigen und wir führten ihn in den Wald, wo Pepa (Josef) wartete. Wir forderten den Fahrzeugbesitzer im Guten auf und sagten, dass er nichts befürchten müsse, sofern er keinen Widerstand leistet. Das war unsere erste

Aktion und wir hatten keinerlei Erfahrungen. Wir banden also den Taxifahrer so an den Baum, dass sein Blutkreislauf nicht unterbrochen werden konnte. Dann kehrten wir auf die Landstraße zum Wagen zurück. Milan hat ihn gefahren; er war damals der Fahrer mit den meisten Erfahrungen. [...]

Wir kamen in Chlumec an, nur ein paar Meter von der Polizeistation entfernt, die an der Ausfallstraße nach Nová Bystrice lag. Milan blieb im Auto; der Motor lief leise. Ich und Pepa klingelten. Nach einer Weile wurde die Tür, die mit einer Kette gesichert war, halb geöffnet. Wir meldeten, dass, in Chlumec angekommen, uns jemand vor dem Bahnhof das Motorrad gestohlen habe. Es wäre gut, wenn er mitkommen würde.

Der Polizist öffnete die Tür und sagte nur, dass er noch irgendetwas mitnehmen müsse. Ich hatte den Eindruck, dass er von irgendwoher von oben gekommen war. Die Klingel hatte ziemlich schrill geläutet und wir hatten uns natürlich bemüht, alles möglichst lautlos abzuwickeln. Wir schlossen die Tür, die auf die Straße führte. Wir befanden uns in einem ziemlich kleinen Vorraum mit drei Türen. Rechts, links und direkt vor uns war ein Eingang in die Polizeistation.

Nun habe ich nicht mehr gezögert. Ich zog ein Metallrohr aus dem Ärmel und versetzte dem Polizisten einen kräftigen Schlag ins Genick. Zu meiner Überraschung drehte sich dieser langsam und unbeholfen mit dem Gesicht zu uns um und bemühte sich, die Pistole aus dem Halfter zu ziehen.

Pepa schoss sofort zweimal, und der Polizist fiel auf den Boden.«

Es war die schmucklose Beschreibung eines kaltblütigen Mords: Ein tödlicher Hieb mit einem Wasserrohr über den Kopf und zwei Schüsse aus allernächster Nähe! Nicht übersehen werden darf auch: Der ermordete Oldrich Kasik war von den Tätern gerufen worden, für sie einen Diebstahl aufzuklären.

Am nächsten Morgen fand die Polizei das leere Fahrzeug am Wenzelsplatz, der Taxifahrer meldete sich, der Ermordete war gefunden und seiner Familie die grausame Nachricht überbracht worden. Schon die ersten Untersuchungen ließen die Bestialität des Verbrechens und die Kaltblütigkeit der Täter deutlich werden. Die Spuren am Tatort waren minimal. Der Taxifahrer konnte die Täter beschreiben, doch half das den Ermittlern nur wenig. Verdächtige, die wegen ähnlicher Verbrechen in Frage kamen, wurden überprüft. Es waren nur wenige und die hatten ausnahmslos sichere Alibis.

Die tatsächlichen Täter – niemand wäre an diesem Morgen auf die Idee gekommen, die Söhne des landesweit verehrten Widerstandskämpfers Josef Masin zu verdächtigen – hatten die in der Polizeistation erbeuteten Waffen in die Taxe geladen, waren nach Prag zurückgefahren und hatten sie dort in einer Studentenunterkunft gut versteckt. Danach hatten sie das Auto dort abgestellt, wo sie es bestiegen hatten und waren auch dabei nicht weiter aufgefallen.

Damit hatte die unsägliche Mord-Kette der Masin-Brüder begonnen.

Eine einzige Person schöpfte Verdacht, doch verlor sie anderen gegenüber aus triftigem Grund kein Wort darüber: Es war Zdenka Masinova, die schon aus den ersten Nachrichten erfahren hatte, dass der Taxifahrer mit einer Fallschirmschnur gefesselt worden war. Und von einer solchen Schnur hatte sie die Söhne reden hören. Das hatte sie stutzig werden lassen, weil sie sich nicht vorstellen konnte, wofür die eine solche Schnur benötigen könnten. War da nicht auch irgendwann über Anschläge auf Polizeistationen geredet worden? Also ging sie geradenwegs zu Josef und fragte den jüngeren Sohn ohne Umschweife: »Wart ihr das, Pepik?«

Der tat ahnungslos.

Das überzeugte die Mutter nicht, die inzwischen mit einem gewissen Zbysek Bouse zusammenlebte, der früher auch Offizier und dann als Konsul in Belgisch-Kongo tätig gewesen war. Ins zivile Alltagsleben zurückgekehrt, arbeitete er als Mechaniker im volkseigenen Betrieb Meva in Chomutov. Den forderte Mutter Zdenka nun auf, der Sache nachzugehen. Das setzte voraus, dass er zunächst das Vertrauen der Söhne gewann und ihnen dann entsprechende Fragen stellen konnte.

Ctirad hatte seiner Gruppe inzwischen reinen Wein eingeschenkt, wie er sich die Zukunft vorstellte: »Wir gründen einen festen Trupp, bewaffnet, beweglich und finanziell unabhängig.« Sein Bruder Josef war begeistert, auch Zbynek Janata fand die Idee gut. Nur Paumer fragte belustigt: »Willst du eine Armee bilden?«

Ctirad antwortete ungerührt: »Wenn du aufhörst zu saufen und nüchtern bist, erkläre ich dir alles!«

Wichtiger erschien ihm, sich mit dem Fehler zu befassen, der ihnen nach seiner Meinung bei dem Überfall unterlaufen war: »Wir hätten den Taxifahrer so fesseln müssen, dass er sich nicht befreien konnte.«

Tatsächlich hatte der ziemlich schnell die Fessel lösen können und war in den nächsten Ort gelaufen, um Hilfe zu holen. Ehe er den Weg zurückgelegt und Alarm geschlagen hatte, hatten die Mörder allerdings ihre Tat bereits vollbracht und waren schon auf dem Rückweg, als die ersten Polizisten am Tatort eintrafen.

Ctirads Schlussfolgerung: »Das nächste Mal brauchen wir ein Betäubungsmittel, am besten Chloroform!« Seine Devise: »Entweder wir betäuben sie, oder wir erschießen sie gleich!«

Er gab Order, einen gewissen Vladimir Mrazec anzuwerben, der in seinem Betrieb Koram in Kolin Zugang zu Chloroform hätte.

Der zweite Mord

Auch den zweiten Überfall hatte Ctirad Masin dem »Protokollführer« Rambousek bis ins Detail geschildert. Und das so präzise, dass jedes seriöse Gericht der Welt es für eine Urteilsbegründung nur hätte abschreiben brauchen.

Der Bericht begann mit den Worten: »Als nächstes Ziel hatten wir die Polizeistation in Celakovice gewählt. Sie befand sich in einem kleinen Flachbau an der Peripherie des Städtchens, das Prag viel näher lag als Chlumec.

Wieder hatte ich vorher die Lage der Station und die örtlichen Gegebenheiten erkundet. Wir mussten besonders vorsichtig sein, weil uns klar war, dass sie nach dem ersten Überfall auf der Lauer lagen. Hinzu kam das Problem des Fahrzeugs, das wir benutzten. Ein Taxi kam nach der ersten Aktion nicht in Betracht. Es galt, sich etwas Neues auszudenken. Wie wäre es mit einem Krankenwagen? Das schien allen eine gute Idee zu sein. So fuhren wir in der Nacht des 28. September, zwei Wochen nach der Chlumecer Aktion, nach Hloubatin an die Endhaltestelle der Straßenbahn, dort, wo die Ausfallstraße nach Hradec beginnt. Diesmal zu dritt: ich, Milan und Zbynek.

Wir entfernten uns einige hundert Meter von der Endhaltestelle mit der Absicht, dass Milan eine Verletzung vortäuschen sollte und ich von der Endhaltestelle die Bereitschaft anrufen würde. Gegen Mitternacht rief ich also die Rettungszentrale an, dass ein Mann mit gebrochenem Bein an der Endhaltestelle der Linie 5 liege. Ich sollte auf die Besatzung warten und sie zu dem Verunglückten führen. Der Fahrer war ein gewisser Bohumil Turin, der Sanitäter Josef Kavin. An der Stelle, wo wir den Überfall geplant hatten, saß Milan im Graben und Zbynek tat so, als versorgte er ihn.

Beide Männer stiegen aus dem Wagen und gingen zu dem ›Verletzten‹. In diesem Augenblick zogen wir die Pistolen und forderten sie auf, in den Wagen hinten durch die für die Patienten bestimmten Türen einzusteigen. Beide begriffen nicht, was geschehen war, leisteten aber keinen Widerstand. Zbynek bewachte sie und Milan setzte sich ans Steuer und fuhr los. Wir hielten dort an, wo der Wald begann, das war unweit von Celakovice. Dort zerrten wir die beiden aus dem Wagen und banden sie im Wald an Bäumen fest. Dann wurden sie mit Chloroform betäubt. Der Sanitäter Kavin fing an zu singen an, schlief aber dann bald ein.

Wir fuhren weiter durch die stockfinstere Nacht. In Celakovice hielten wir in einer von hohen ausladenden Bäumen umsäumten Straße. Man konnte nicht die Hand vor Augen sehen. Ich machte mich auf den Weg zur Polizeistation. Als ich klingelte, tat sich lange nichts. Dann wurde, wie in Chlumec, die mit einer Kette gesicherte Tür von innen geöffnet. Der Polizist fragte, was ich wolle. Ich sagte, dass in der Nähe ein Unfall passiert sei, zwei Autos seien zusammengestoßen. Einer der Fahrer hätte den Eindruck hinterlassen betrunken zu sein und hätte die Absicht weiterzufahren.

Der Polizist sagte, dass er gleich mit dem Fahrrad kommen würde. Daraufhin ging ich los zu der Stelle, die ich ihm angegeben hatte. Der Polizist kam kurz nach mir. Bevor er sich überhaupt umsehen und fragen konnte, wo der Zusammenstoß geschehen sei, hatte ihn einer von uns entwaffnet. Wir nahmen ihm die Pistole ab, fesselten ihm die Hände auf dem Rücken und zwangen ihn in den Krankenwagen zu steigen. Sein Fahrrad hatten wir in den Straßengraben geworfen.

Dann fuhren wir zu der Polizeistation. Er weigerte sich, die Schlüssel herauszugeben, aber als wir die Waffen zogen, kapitulierte er. Aufmerksam beobachteten wir die Umgebung, bemerkten nichts Verdächtiges, öffneten dann die Tür und führten ihn in die Dienststelle. Milan blieb am Steuer sitzen.

Wir fragten den Polizisten, wo die Waffen aufbewahrt würden. Erst schwieg er beharrlich und starrte uns nur an. Nachdem wir uns intensiver umgesehen hatten, wies er mit dem Kopf zu einem Schrank, der mit einem riesigen Metallriegel und einem großem Vorhängeschloss verschlossen war. Auf unsere Frage, wo der Schlüssel sei, antwortete er, dass nur der Chef der Polizeistation einen habe. Wir hielten uns nicht mit langer Sucherei auf. Der Schrank war aus Holz. Wir rückten ihn von der Wand ab und kippten ihn mit vereinten Kräften auf den Boden. Die Rückwand bestand aus dünnen Brettern, die wir ohne große Mühe durchtraten. Im Schrank fanden wir zahlreiche Pistolen, dann noch alten Kram, der wahrscheinlich eingelagert worden war und schließlich fünf Maschinenpistolen, zahlreiche Magazine und einige besondere Dienstpistolen.

Dann sagte ich zu ihm: »Genosse, jetzt müssen wir dich einschläfern, damit du nicht noch ein Chaos anrichtest, bevor wir verschwinden.«

Er war ein sehr unsympathischer Bursche, aber so wie er sich die ganze Zeit verhalten hatte, schien er über beträchtliche Erfahrungen zu verfügen. Das hieß für uns: Würden wir ihn am Leben lassen, dürfte er eine präzise Personenbeschreibung abliefern.

Ich legte ihn auf die Pritsche und schläferte ihn mit Chloroform ein. Der Fehler von Chlumec durfte sich nicht wiederholen. Wir mussten jede Schießerei vermeiden. Nun war es also an der Zeit die Erfahrungen aus dem Diversantenlehrgang umzusetzen. Ich zog das Fahrtenmesser, das ich am Gürtel trug, und tat, was ich über das Unschädlichmachen von Wachen gelernt hatte.«

Stellen wir jede Emotion unterdrückend nüchtern fest: Ctirad Masin hatte dem überfallenen Polizisten die Kehle durchgeschnitten!

Der Fahrer des um dieses Mordes willen alarmierten Krankenwagens, Bohumil Turina, hatte die Erlebnisse dieses Abends mit folgenden Worten zu Protokoll gegeben: »Es war nach Mitternacht, als mir der Sanitäter Kalvin mitteilte, dass jemand angerufen hätte, an der Endstation der Linie 5 liege ein verletzter Mann. Wir fuhren los. An der angegebenen Stelle lag niemand. Wir suchten in der Dunkelheit. Dann sahen wir jemanden winken. Ich fuhr hin. Eine jugendliche Stimme sagte: ›Dort liegt er, etwa fünfzig Meter von hier.‹

Auf einmal waren da noch drei andere Figuren. Sie winkten, ich hielt an …

›Nimm die Pfoten vom Lenkrad‹ rief einer und riss die Tür auf. Von der anderen Seite war eine Pistole auf mich gerichtet. ›Aussteigen, Zündschlüssel her und nach hinten zum Sanitäter‹ befahl der Bursche und fuchtelte mit der Waffe vor meinem Gesicht.

Der dritte setzte sich ans Steuer. Wir fuhren Richtung Hradec Kralove. Der Dunkelblonde war Berufskraftfahrer, sah man sofort. Er fragte, wie viel Benzin noch im Tank sei und ob die Polizei Krankenwagen stoppe.

Irgendwo bei Kersk hielten sie. ›Bleibt schön ruhig, wir gehen ein Stück in den Wald‹, sagte der eine. Er hatte eine barsche Stimme.

Der Sanitäter flehte: ›Bitte lassen Sie uns gehen, wir haben Ihnen doch nichts getan …‹

Die Antwort: ›Das macht nichts. Ihr schlaft ein bisschen im Wald. Inzwischen fahren wir mit dem Krankenauto spazieren. Morgen früh seid ihr wieder bei eurer Mama. Freilich nur, wenn ihr euch mucksmäuschenstill verhaltet.‹

Er stieß mir die Pistole in den Rücken und fügte hinzu: ›Wir müssen euch fesseln …‹

Den beiden anderen befahl er: ›So, den einen hier, den anderen da.‹

Kalvin stellten sie an einen Baum. Der wehrte sich und bettelte immer wieder. Aber sie ließen sich nicht erweichen. Dann packten sie mich. ›Du wirst mit einer schönen Wäscheleine eingewickelt. Jetzt kriegt ihr noch was zum Schnüffeln. Halt still, oder du bekommst eine auf die Birne.‹

Ich wehrte mich und hörte noch, wie Kalvin rief: ›Tut das nicht. Er hat ein schwaches Herz, das hält er nicht aus.‹ Sie reagierten nicht, sondern hielten uns etwas unter die Nase. Kalvin begann zu singen. Das war mehr Schreien als Gesang. Dann wurde mein Kopf zentnerschwer. Weiter erinnere mich an nichts.‹«

Hinterher wurde auch noch ermittelt, dass die Bande dem betäubten Turina 1.300 Kronen aus dem Portmonnaie gestohlen hatte. Ein weiteres Delikt kam also hinzu.

Der dritte Mord

Wenige Wochen später wurde Ctirad von einer Grenzstreife ergriffen. Allerdings nicht, weil die Polizei ihn wegen seiner Morde verdächtigte, sondern weil man ihn in einem gesperrten Grenzgebiet unweit Karlovy Vary erwischt hatte und eine Pistole bei ihm fand. Er versuchte sich damit herauszureden, dass er auf dem Weg zu seinem Onkel gewesen sei und sich verirrt habe. Der wurde daraufhin ebenfalls verhört, hatte aber ein lupenreines Alibi und so wurde schließlich nur Ctirad Masin der Prozess wegen unerlaubten Waffenbesitzes gemacht.

Man verurteilte ihn zu zwei Jahren Gefängnis, die er in einem Bergwerk bei Jachymow verbüßen sollte, doch schon im Frühjahr 1953 wurde er auf Grund einer Amnestie entlassen.

Inzwischen hatte sein Bruder Josef die Funktion des Rädelsführers übernommen und als erstes die Gruppe in der Wohnung seiner Mutter zusammengetrommelt. Zu dieser Runde waren neben dem Gastgeber erschienen: Ctibor Novak, Zbysek Bouse, Vaclav Sveda, Zbynek Janata und Milan Paumer. Masin hatte vier Punkte auf die Tagesordnung gesetzt: Wahl des Anführers, künftiger Name der Gruppe, die Befreiung Ctirads und konkrete Pläne für weitere Anschläge.

Jemand machte den Vorschlag »Onkel« Novak zum Chef zu wählen. Dagegen opponierte Josef Masin, vermutlich, weil er selber die Funktion seines Bruders übernehmen wollte. Als dann »gewählt« wurde, erhielt doch Ctibor Novak die meisten Stimmen. Bouse übernahm es, die Finanzen zu verwalten. Streit kam noch auf, als man darüber diskutierte, ob es sinnvoll wäre, Ctirad Masin gewaltsam zu befreien.

Novaks wiederholte Warnungen vor neuen Gewalttaten fanden in diesem Fall Gehör, doch dauerte es nicht lange, bis Josef – Spitzname »Pepa« – den nächsten Überfall vorbereitete. Es ging ihm darum, die Kasse aufzubessern. Deshalb sollte ein Lohntransporter überfallen werden. Die Wahl fiel auf den Betrieb Kovolis in Hedvikov und als Tattag entschied man sich für den 2. September 1952, weil zu Beginn des Monats die Löhne gezahlt und die zuvor von der Bank geholt werden mussten.

Am Morgen dieses Tages teilte der Fahrdienstleiter des Unternehmens, Frantisek Koci, dem Buchhalter Rosicky mit, dass er selbst mit ihm zur Bank fahren werde, weil der ursprünglich vorgesehene Chauffeur eine andere Tour übernommen habe. Der Buchhalter und der für die Sicherheit des Geldtransports zuständige Karel Skokan nahmen das zur Kenntnis. Gegen acht Uhr fuhr man los. Rosicky nahm auf der Bank das Geld in Empfang und stapelte es in seinen Geldkoffer. Als man auf der Rückfahrt am Gebäude des Rats des Kreises vorüberkam, bat Skokan kurz anzuhalten, weil er dort noch etwas zu erledigen hätte. Als man wieder losfahren wollte, sahen sie auf der Straße die Chefin der Betriebskantine Ludmila Minarikova und luden sie ein mitzufahren. Danach steuerte man den Zweigbetrieb in Vrdy an, wo der Buchhalter einen Teil der Lohngelder ablieferte.

Von dort ging es weiter über Markovice nach Zleby. Dort, wo die Auffahrt zu der steilen Serpentinenstrecke begann, winkte ein Posten in Volksmiliz-Uniform und forderte sie auf, anzuhalten.

»Ein Manöver?« fragte Koci ahnungslos.

Der »Milizionär« beantwortete die Frage nicht, sondern verlangte, dass alle im Wagen sich ausweisen sollten.

Darauf Koci: »Und dein Ausweis, Genosse?«

Da zog der »Milizionär« eine Pistole und schrie: »Hier, das ist mein Ausweis!« Dann forderte er sie auf, augenblicklich auszusteigen.

Als erstes wurde Karel Skokan entwaffnet. Dann erteilte der als Milizionär verkleidete Vaclav Sveda seine Befehle: Rosicky und die Minarikova sollen in Richtung Wald laufen. Skokan und Koci schob er auf die hinteren Sitze.

Rosicky schrie wütend: »Dein Vater hätte dich öfter verprügeln sollen.«

Die Kantinenchefin befiel Todesangst. Verzweifelt flehte sie: »Ich habe doch Kinder zu Hause.«

Als sie ein ziemliches Stück zurückgelegt hatten, befahl ihr Masin: »Stell dich hierher und rühr dich eine Stunde nicht vom Fleck!«

Die Minarikova schwor angstschlotternd: »Ich werde keinen Schritt tun!« Rosycki trieb er weiter. Auch der Buchhalter war längst ohne Illusionen und sogar sicher, dass der Typ ihn umbringen wollte. An einem Zaun kommandierte Masin: »Los, die Hände vor die Augen!«

Er versicherte dem Buchhalter: »Keine Angst! Ich bleibe hier stehen!« Er holte das mit dem Chloroform getränkte Tuch hervor, änderte dann aber von einer Sekunde zur anderen seine Pläne, zog die Waffe und erschoss Rosycki. Des Buchhalters lebloser Körper stürzte gegen den Zaun. Der Mörder warf das Chloroformtuch in die Büsche und lief zurück.

Zurück ließ er das dritte Opfer der Masins. Diesmal war Josef der Täter.

An der Landstraße warteten Novak und Sveda schon auf ihn: »Na endlich. Was hast du mit denen gemacht?«

»Der Kerl wollte nicht auf mich hören, ich musste ihn belehren«.

Als Ludmila Minarikova den Schuss gehört hatte, vergaß sie all ihre Angst und lief los, um Hilfe zu holen. Doch als die eintraf, war der Buchhalter längst ermordet worden.

Am Abend feierte die Bande ihre Raubbeute: 846.000 Kronen!

Novak kommentierte den Coup: »Ich wollte zwar eine Million, aber das reicht auch!« Er übergab den Koffer dem »Finanzverwalter« Bouse und ordnete an: »Ein Teil der Summe wird verteilt.« Vaclav Sveda, der den Geldtransporter als verkleideter Milizionär gestoppt hatte, bekam so viel, dass er sich zwei Couches kaufen konnte, einen Sessel und noch siebzehntausend Kronen seiner Frau schenken konnte. Janata, der lange als Gütekontrolleur im Betrieb Kovolis gearbeitet und den Tipp geliefert hatte, wurde mit fünfzigtausend Kronen belohnt.

Josef erhielt für den Mord eine Prämie von zwanzigtausend Kronen, die er seiner Mutter ausgehändigt haben soll, was sie zur Nutznießerin des Mordes werden ließ.

Die größte Summe wurde für die »Mobilisierung« der Bande verwendet: Drei Motorräder – zwei 350ccm-Maschinen und eine 500ccm – wurden angeschafft. Für den ursprünglich noch geplanten Lastwagen, der gepanzert werden sollte, reichte das Geld nicht mehr.

Josef wollte in Podebrady eine »Siegesfeier« arrangieren, aber das redeten ihm die anderen aus.

In dem Buch Rambouseks wurde der Tod Rosickys nach der Aussage Josef Masins als »Notwehrreaktion« ausgegeben, weil der Buchhalter beim Weg durch den Wald plötzlich eine Waffe gezogen haben sollte, aber das war – so erwiesen alle Akten und Aussagen – eine zynische Ausrede.

Tragisch war – das soll nicht verschwiegen werden –, dass es der beraubte Betrieb damals der Familie des ermordeten Buchhalters gegenüber an der nötigen Anteilnahme und Solidarität in jeder Hinsicht fehlen ließ. Über die Motive dieser unerklärlichen Haltung gibt es nur Vermutungen. Keine ist überzeugend. So blieb dieser Mangel an menschlicher Haltung ungeklärt.

Als der tschechische Ministerpräsident Topolanek im März 2008 in der tschechischen Botschaft in Washington den Masin-Brüdern eine von ihm gestiftete Medaille als Zeichen seiner Sympathie für ihren »Widerstandskampf« überreichte, waren viele auch in der Tschechei empört, denn es war und bleibt für alle Zeiten eine weltweit seltene Ehrung für brutale Mörder.

Über die Reaktion eines der Angehörigen eines Opfers, des Sohns des Buchhalters Rosyckis, las man in der Prager Zeitung *Pravo*: »Der Zeitung gegenüber hat er überhaupt das erste Mal über die damalige Tragödie gesprochen. Erst die Medaille, die der Premier Mirek Topolanek den Brüdern Masin und Milan Paumer verliehen hatte, veranlasste ihn dazu. Seinen Vater verlor er am 2. August 1952, zwei Monate vor seinem zehnten Geburtstag. Er starb nur deshalb, weil er sich bemühte, das ihm anvertraute Geld zu verteidigen. […]

Ironie des Schicksals ist, dass an diesem Tag Josef Rosicky ursprünglich überhaupt nicht mit dem Geld fahren sollte. In der Fabrik Kovolis in Hedvikov im Raum von Caslav, wo Legierungen und Werkzeuge hergestellt wurden, arbeitete er als Hauptbuchhalter. Für den Transport der Lohngelder war der Kassierer verantwortlich. Nur gerade zu diesem Zeitpunkt bestand diesem gegenüber der Anfangsverdacht, dass er in der Fabrik gestohlen hatte, und so wollten sie ihn nicht zum Abholen des Geldes in die Bank schicken. Als Ersatzmann fuhr sein Vorgesetzter – Josef Rosicky. Dafür hat er mit seinem Leben bezahlt. […]

Zur Mittagszeit sollte er zurück sein. ‚Ich sagte ihm tschüß, und danach habe ich ihn nie wieder gesehen. Mit Mutter haben wir vormittags Koffer gepackt; gleich Montag sollten wir zur Kur fahren, nach Karlsbad‹, erzählt Stanislav Rosicky. Von Beruf Programmierer, Analytiker, Hochschuldozent ist er jetzt in Pension. Er lebt in Rychnov nad Knaznou. Bis heute lehrt er einmal wöchentlich an der Fakultät für Informatik und Management in Hradec Kralove. Die Auszeichnung Paumers und der Brüder Masin durch den Premier Mirek Topolanek (ODS) will er nicht kommentieren. […] Weder der Premier noch irgend jemand aus dessen Umfeld hatte zu ihm Kontakt aufgenommen. ›Das erwarte ich nicht einmal‹, und er winkte mit der Hand ab.

Rosicky jr. hat bei seinen Erinnerungen an die Kindheit die Wälder von Hedvikov vor Augen, wo die dreiköpfige Familie wohnte. ›Ich wurde geboren, als Vater 44 Jahre alt war; die Mutter Julia 39. Ich war ein Einzelkind‹, sagt er. Den Vater charakterisiert er mit zwei Worten: ehrlich und pedantisch. Er lehrte ihn Bäume und Käfer zu erkennen; baute für ihn Spielzeug. […] Der getötete Buchhalter ist nach dem Mord nicht als Held gewürdigt worden. Seine Frau musste sich allein um den kleinen Sohn kümmern und wurde um die Wohnung gebracht. Die Familie ist auch von einem Teil der Freunde verlassen worden. ›Sie wussten nicht, was sich daraus entwickeln würde‹, meint heute ihr Sohn. Mit der Mutter ist er dann nach Rychnov gezogen, wo sie einen Teil des Elternhauses geerbt hatte. Auf dem Friedhof in einem Urnengrab fand Josef Rosicky seine letzte Ruhestätte. Die Behörden haben zwar der Familie eine Entschädigung in Höhe eines Jahresgehalts versprochen; bekommen haben sie aber nur die Hälfte dieses Betrages. Aber auch das ist durch die Währungsreform 1953 abgewertet worden. Trotzdem ist es Julia Rosicka gelungen, Stanislav von der kleinen Rente ein Studium an der Tschechischen Hochschule für Technik in Prag zu ermöglichen. ›Das war ein Raubmord und die Masins sind Raubmörder‹, sagt Stanislav Rosicky. […] Keinem der drei würde er je begegnen wollen. ›Eine Reihe Leute ist in dieser Zeit auf andere Weise in den Westen gegangen, kultiviert. Warum mussten sie morden?‹ fragt er.«

Eine andere tschechische Zeitschrift hatte nach der unfassbaren Ehrung der Mörder durch den tschechischen Ministerpräsidenten den Sohn von Frantisek Koci befragt, den Mann, der den Wagen gefahren hatte. Der erste Kommentar des damals 62-Jährigen: »Herr Topolanek hat für mich aufgehört, Premier zu sein«.

Man fragte auch ihn, wie es der Familie nach dem Anschlag ergangen war und auch er hatte nicht viel Positives zu berichten: »Unsere Familie war ziemlich schlecht dran. Meine Mutter hatte einige Tage danach eine Fehlgeburt; der Vater litt unter Traumata. Die Masins hatten ihm Dokumente weggenommen und als die eines Tages auftauchten, hat ihn die Polizei irrtümlicherweise festgenommen. Bevor sich alles aufgeklärt hatte, verbrachte er drei Tage in Pankrac« (*Gefängnis in Prag – d. Hrsg.*).

Auf die Frage, was er empfand, als er von der Auszeichnung des Ministerpräsidenten erfuhr, antwortete er: »Mich würde interessieren, ob er sich so verhalten hätte, wenn das seine Familie betroffen hätte? Ein Mörder bleibt ein Mörder unter jedem Regime. Eine solche Tat kann man nicht anders als Mord qualifizieren. Sie haben unschuldige Menschen getötet.«

Daraufhin fragte man ihn, ob er irgendetwas unternehmen wolle?

Seine Antwort: »Ich wollte Strafanzeige stellen und habe mich an Juristen gewandt. Es ist aber schwierig, jemanden zu finden, der bereit wäre gegen den Premier zu klagen.«

Eher nebenbei war er auch gefragt worden, ob der ermordete Buchhalter überhaupt Mitglied der Kommunistischen Partei gewesen war? Eine vielleicht menschlich und moralisch nicht sonderlich einfühlsame Frage, die aber gestellt worden war, um eine Antwort zu finden, ob der Mord denn tatsächlich das Leben eines Kommunisten ausgelöscht hatte, also »erfolgreicher« Widerstand gewesen war? Und insofern war es doch auch eine aufschlussreiche Frage, weil jede Antwort im Grunde bewies, dass die Masin-Morde zwar unter politischen und antikommunistischen Vorwänden verübt worden waren, aber letztlich Menschen das Leben kostete von denen die Mörder gar nichts über ihre politische Haltung wussten.

Diese Feststellung war für uns auch so aufschlussreich, weil später Urteile beantragende und Urteile fällende Juristen in der Bundesrepublik Deutschland zu entscheiden hatten, wie sie die Masin-Morde in der DDR nach den Gesetzen bewerten würden.

Schon hier muss vorab festgestellt werden, dass sie keine Medaillen an die Mörder verliehen, aber Entscheidungen trafen, deren Begründungen an die Topolanek-Haltung erinnern mussten!

Blick zurück in den Bundestag

Und da dieses Thema schon einmal an einer Stelle behandelt wird, die die Auseinandersetzungen der Gegenwart tangiert, gehört nicht viel Phantasie dazu, sich auszumalen, welche Schlagworte als erstes von denen ins Feld geführt wird, die mit dieser Mordserie konfrontiert werden: Schüsse an den Grenzen.

Und um nicht in Verdacht zu geraten, diesem so oft bemühten Argument aus dem Weg gehen zu wollen, soll hier mit einigen Zeilen auch darauf eingegangen werden.

Es ist zunächst generell festzustellen, dass an allen deutschen Grenzen geschossen wurde, und weil dieser Tatbestand so gern für die Grenzen der Alt-Bundesrepublik geleugnet wird, sei hier an eine Debatte des Bundestages erinnert, die diesem Thema galt, schon weil niemand leugnen könnte, dass die Protokolle der Parlamentsdebatten jedermann zugänglich sind. Nachzuschlagen wäre die Niederschrift der 231. Tagung des Bundestages der Bundesrepublik Deutschland, die am 1. Oktober 1952 stattfand und damit auch in zeitlicher Nähe der Masin-Mordserie.

Unter anderen hatte sich an diesem Tag der CDU-Abgeordnete Günther auf die Liste der Redner setzen lassen und dann am Rednerpult erklärt: »Es vergeht kaum ein Tag, an dem nicht in der Presse, vor allen Dingen in der Aachener Presse, irgend etwas über den Schmuggel gemeldet wird, und jeden Tag werden irgendwelche Zeitungsnotizen mit dicken Überschriften von der Bevölkerung gelesen: ›17-jähriger Schmuggler angeschossen‹, [...] ›An der Grenze herrscht wirklicher Krieg‹, ›Schüsse ohne Rücksicht auf Passanten‹, ›Schmuggel forderte ein Menschenleben‹, ›Manöverstimmung in der Eifel‹, [...] ›Schmuggler brach zehn Meter vor der Grenze zusammen‹ usw. Das ist nur ein kleiner Ausschnitt von Zeitungsnotizen einer einzigen Zeitung, und zwar einer bürgerlichen Zeitung, die nicht irgendwie in Sensationen macht, sondern so ist im Augenblick die Situation an der Aachener Grenze. [...] Wir haben in Deutschland bekanntlich die Todesstrafe abgeschafft; es geht im Augenblick darum, ob die Todesstrafe wieder eingeführt werden soll. Selbst diejenigen, die als Befürworter der Wiedereinführung der Todesstrafe auftraten, beschränken sich darauf, daß die Todesstrafe nur angewandt werden soll für ganz schwere Vergehen und da, wo man den Betreffenden sofort überführt hat. In diesem Fall hier sind unter den Opfern, die an der Grenze bei der Verfolgung des Schmuggels usw. entstehen, Jugendliche, Kinder, Erwachsene und, was noch bedauerlicher ist, in größerem Umfang Leute, die nicht am Großschmuggel beteiligt sind, sondern die dort als Grenzgänger irgendwie auf ein ›Halt‹ nicht stehengeblieben sind, dann angeschossen und unglücklich getroffen wurden. [...]

Das entscheidende Argument scheint mir aber doch folgendes zu sein. Wenn an der deutschen Grenze im Jahre 3, 4 oder 5 Menschen erschossen, eine wesentlich größere Zahl von Menschen körperlich verletzt werden, nur weil sie Kaffee bei sich haben und auf den Halt-Ruf des Zöllners nicht stehen bleiben, dann liegt hier eine Verkennung der Rechtsgüter vor. Der Staat hat unter keinen Umständen das Recht, auf einen Menschen nur deshalb schießen zu lassen und ihn eventuell sogar zu töten, weil er dem Staat einige Zölle oder Abgaben hinterzieht. Hier stehen das Rechtsgut der staatlichen, fiskalischen Interessen, die sicher beachtenswert sein müssen, und das Rechtsgut des menschlichen Lebens einander gegenüber. Bei der Wahl zwischen diesen beiden Rechtsgütern dürfen wir nicht deshalb rücksichtslos über Menschenleben verfügen, weil wir hoffen, ein paar Mark mehr in die Finanzkasse zu kriegen.«

Wer meinen sollte, dass man das Problem der Notwendigkeit, an den Grenzen von der Schusswaffe Gebrauch zu machen, nur im Hinblick auf die Schmugglerproblematik erörterte, irrt.

Zum Beweis dafür noch ein Zitat aus der Debatte vom 12. Juni 1953. Der Abgeordnete Erich Mende – erst FDP, dann CDU, Mitglied des Bundestages von 1949 bis 1980, zuvor ausgezeichnet mit dem Ritterkreuz der faschistischen Wehrmacht und später mit dem Großkreuz des Bundesverdienstordens der BRD – begründete vor dem Parlament den schon damals von niemandem geleugneten bundesdeutschen Grenz-Schießbefehl mit folgendem Argument: »Wir wissen, dass die Agenten und Infiltranten nicht so dumm sind, ausgerechnet über die

Zonengrenze zu uns zu kommen. Sie wählen den viel bequemeren Weg über Frankreich, über Holland oder über Belgien und gehen hier durch die offene Tür im Aachener Raum.« Wer Zweifel hegen sollte, wer mit dem Begriff »Agent« gemeint sein könnte, musste keine Rückfragen stellen. Mende hatte hinlänglich begründet, warum man auch an den Westgrenzen der Bundesrepublik zur Waffe greifen müsse: Die »Agenten« wären nicht so »dumm« über die deutsch-deutsche Grenze in die Bundesrepublik zu kommen, sondern von Westen her.

Bliebe noch die Frage an den legendären Sender Jerewan (Auskunftsadresse für Selbstverständlichkeiten): Wurde je in den letzten zwanzig Jahren in den Medien oder offiziellen Reden an diese Bundestagsdebatte erinnert? Oder etwa die *Finanzpolitischen Mitteilungen des Bundesministeriums für Finanzen* vom 25. November 1952 zitiert? Die enthielten einen Artikel mit der Überschrift »Der Waffengebrauch im Zollgrenzdienst« und in dem wurde – wenn auch nur in einem Nebensatz – darauf verwiesen, dass von 1945 bis 1952 durch Schusswaffeneinsatz 31 Deutsche an den bundesdeutschen Westgrenzen ums Leben gekommen waren.

Bliebe noch darauf hinzuweisen, dass es auch nach 1952 noch Tote an den Grenzen gab und das sogar auch noch nach 1990. Von 1993 bis 2006 starben allein an der deutschen Ostgrenze 170 Menschen. Nebenbei wäre daran zu erinnern: Zu diesem Zeitpunkt existierte die DDR nicht mehr!

Wer ehrt eines Tages die Toten von Aachen und Umgebung und die vom Ufer der Oder? Die Beantwortung dieser Frage erscheint mir, dem Autor, auch bei der Auflistung der Namen der Masin-Opfer unumgänglich.

Nächste Masin-Aktion: Brandstiftung

Als Ctirad Masin amnestiert worden war, reiste er als erstes zu seinem Onkel nach Karlovy Vary, um mit ihm seine nächsten Pläne zu bereden. Die Haft hatte ihn nur darin bestärkt, noch intensiver »Widerstand« zu leisten und mit einem noch straffer organisierten Trupp noch wirksamere Anschläge zu verüben. Vergeblich versuchte ihn sein Onkel von zu spektakulären Aktionen abzuhalten. Er begriff sehr bald , dass der Hass seines Neffen keine Grenzen mehr kannte. Sein offen verkündetes Ziel war es, weltweites Aufsehen zu erregen. So gipfelte sein nächster Plan darin, einen tschechoslowakischen General entführen und dem Westen ausliefern.

Ctirad Novak begriff, dass es aussichtslos war, seinen Neffen umzustimmen und so versprach er ihm sogar, ihn zu informieren, wenn die Reise eines Generals nach Karlovy Vary angekündigt würde. Immerhin erreichte er mit solchen Versprechungen, dass er versicherte, sich wenigstens im kommenden Jahr halbwegs ruhig zu verhalten. Er wollte dieses Jahr vor allem nutzen, um die Flucht in den Westen vorzubereiten und zu organisieren.

Doch hielt er sich nicht sonderlich lange an Zusagen der Zurückhaltung. Die um 1953 zunehmenden Aktivitäten, landwirtschaftliche Genossenschaften im Land zu gründen, mobilisierten Ctirad, sich diesen Bemühungen auf seine Weise zu widmen.

Hinter dem Rücken des Onkels suchte er nach Kumpanen, die bereit waren, sich an Anschlägen auf Genossenschaften zu beteiligen. Einer der ersten, auf den er stieß, war ein Ingenieur Mrazec, der ihm zum »Einstieg« ein stattliches Sortiment Waffen übergab. Dessen Sohn Vladimir – in der Meute trug er den Spitznamen »Kikina« –, erwies sich als einfallsreicher Spezialist für die Herstellung von Bomben und Zündern. Ctirad beauftragte Vaclav Sveda, Verbindung nach Mähren aufzunehmen, um dort unter seinen Verwandten Großbauern zu suchen, die sich an einer Sabotage-Aktion beteiligen würden. Nebenbei eruierte er noch die Chancen, die Grenze zur BRD im Böhmerwald zu überwinden. Das Resultat: Die Westgrenze war zu gut bewacht.

Nebenbei knüpfte man Kontakte zu dem in München tätigen US-amerikanischen Sender *Freies Europa*. Die Absicht, die man dabei verfolgte: Würde der Durchbruch nach Westberlin gelingen, sollte der Sender allen Eingeweihten den Erfolg mit der verschlüsselten Botschaft »Der Autobus ist gut angekommen« mitteilen.

Bouse schrieb inzwischen Bettelbriefe an Londoner Banken und deponierte bei seiner Freundin Phylis Baylis belgische Franken.

Im Sommer 1953 stellte Ctirad wieder für sich fest, dass er noch nicht genug »Widerstand« geleistet habe, »um in die Geschichte einzugehen«. Für den 20. September organisierte er eine Beratung, die dieses Versäumnis beseitigen sollte und zu der er Onkel Novak und Bousa vorsichtshalber nicht einlud. Er eröffnete den Kumpels, die vor allem gekommen waren, weil sie glaubten, es würden die entscheidenden Vorbereitungen für die Flucht getroffen: »Wenn die Kommunisten mit den Kolchosen durchkommen, ist es zu spät. Wir müssen eine Aktion in den nächsten zwei Wochen vorbereiten, die das Land erschüttert.«

Vaclav Sveda berichtete über die Stimmung bei seinen Verwandten in Mähren, die zwar keine Anhänger der Genossenschaften waren, aber gemeinsam mit anderen Bauern die erste Ernte eingebracht hatten.

»Wo lagern die Genossenschaftsbauern ihr Stroh?« wollte Ctirad nur von ihm wissen.

Aber Vaclav konnte keine genauen Auskünfte dazu geben. Daraufhin befahl Ctirad Janata, sich drei Tage Urlaub zu nehmen und mit ihm nach Mähren zu fahren. »Kikina« wurde gefragt: »Wie weit bist du mit den Zündern?«

Die Antwort lautete: »Dreißig kannst du in einer Woche haben.«

Es dauerte dann auch nicht lange, bis in Mähren Strohfeuer loderten. In der Nacht zum 7. September 1953 glaubten die Bewohner von Nezamyslice, Morice und Vicemerice die Flammen über ihren Feldern würden bis in den Himmel schlagen. Auf einer Strecke von rund 40 Kilometern brannten die Strohschober. Die Bauern hofften vergeblich, gemeinsam mit den Feuerwehren, die aus den Städten kamen, die Feuerglut löschen zu können und mussten erleben, wie ein großer Teil ihrer Strohernte vernichtet wurde. Von 17 Strohschobern konnten nur sechs gerettet werden, der Schaden belief sich auf rund 700.000 Kronen.

Ctirad lieferte Rambousek auch über diese Tat ein präzises Geständnis: »Wir sollten 21 Dörfer abfahren.

Alles klappte nach Plan bis zu dem Moment, als die Kette von meinem Fahrrad absprang. Das passierte danach alle Augenblicke wieder und hielt uns mächtig auf. Die Zünder hatten wir zeitlich so eingestellt, dass wir schon bei Vaclav zu Hause sein wollten, wenn die Schober in Brand gerieten. Als wir durch Monce fuhren, waren am Horizont schon die ersten Feuer zu sehen. Die Leute liefen aufgescheucht, zum Teil in Nachthemden, durch das Dorf.

Wir bemühten uns nicht aufzufallen, weil auch am letzten Schober die Zünder bereits eingestellt waren, und nahmen Kurs auf Vaclavs Wohnort. Plötzlich fragte uns irgendjemand mitten in der Dunkelheit, wo es denn brennt? Ich beging einen kapitalen Fehler, denn statt das Maul zu halten antwortete ich ihm ironisch: ›Das wüsste ich auch gern.‹

Ich ahnte nicht, dass mich in diesem Augenblick mein tschechischer Dialekt verraten hatte. Wir wollten weiter, fuhren durch das Dorf und überquerten gerade eine Brücke, als die Kette wieder absprang. Ich nutzte die Gelegenheit, sprang zum Bach hinunter und warf die restlichen Zünder ins Wasser.

Als ich zu Vaclav auf die Straße zurückkehrte und die Kette wieder auflegen wollte, holten uns zwei Typen, ebenfalls auf Rädern, ein. Ehe ich mich versah, trat Vaclav in die Pedalen und verschwand in der Dunkelheit. So stand ich ihnen allein gegegenüber. Die zwei – erst später erfuhr ich, dass es der Feuerwehrchef und Mitglied der Polizeihilfswache aus Monce namens Lecian und der ortsansässige Blazek waren –, fuhren um mich herum und stellten die Räder quer zur Straße.

›Was machst du eigentlich hier?‹ fuhr mich Lecian patzig an. Ich sagte keinen Mucks, zog die Knarre und schoss zweimal. Ich traf. Der Frager ließ sein Rad los und stürzte zu Boden. Ich hatte ihn in die Brust getroffen und mit dem zweiten Projektil das rechte Auge ausgeschossen. Der andere ließ das Fahrrad fallen und im Schein meiner Lampe sah ich ihn im Maisfeld verschwinden. Ich schickte ihm noch zwei Schüsse hinterher, traf aber nicht.«

Der Feuerwehrchef überlebte Masins Schüsse, aber zu den drei Morden, den Entführungen und Waffendiebstählen kam nun ein versuchter Mord und eine Großflächenbrandstiftung hinzu. Auch diesmal entkamen die Täter und die Fahnder hatten nicht viel mehr Spuren als zuvor.

Der Aufbruch in die DDR

Bald darauf erhielt Josef Masin einen Einberufungsbefehl zu einer technischen Einheit. Milan Paumer war bereits Soldat. Ctirad wurde informiert, das er auf Grund des Studiums, das er inzwischen begonnen hatte, mit Verzug einberufen würde.

Das beeinflusste seine Pläne nicht im geringsten. Er war weiter felsenfest überzeugt davon, dass sich der Kalte Krieg sehr bald in einen heißen verwandeln würde und verfolgte nur das Ziel, rechtzeitig bei den US-Amerikanern zu sein und sich dann von denen wieder in die Tschechoslowakei durchzuschlagen, um sie zu »befreien«.

Um dann auch über die nötigen Waffen zu verfügen, hatte er alle erbeuteten Pistolen, Gewehre, Granaten und Sprengstoffe so vergraben, dass er sie in diesem »Ernstfall« ohne große Umstände und schnell wieder zur Hand haben würde.

Vorsichtshalber wies er Sveda an, weitere Vorräte einzulagern. Es beunruhigte ihn auch nicht, dass bereits Fahnder in Svedas Wohnung aufgetaucht waren. Er versprach ihm sogar 20.000 Kronen, wenn er außer Donarit-Sprengstoff auch noch den so dringend benötigten Lastwagen beschaffen würde. »Kikina« ließ Ctirad wissen, dass er bereits zwei Maschinengewehre, vierzehn Gewehre, sieben Maschinenpistolen, zwölf Pistolen, sechstausend Patronen, sieben MG-Gurte, fünf Handgranaten, dreizehn Dolche und Messer, Chloroform und vier Brandsätze in seinem eigenen Lager versteckt habe. Eine Woche später wurden neue Zugänge verbucht: 1.400 Schachteln Donarit, 21 Säckchen Kanonenpulver und 64 Zünder.

Die Plünderung des Donarit-Lagers war ein sehr riskantes Vorhaben gewesen. In einer Nacht zum Sonntag hatten sich die Masins und Janata nach dem Ende ihrer Nachmittagsschicht wieder Arbeitskleidung angezogen, waren über den Zaun zum Betriebsgelände gestiegen, hatten eine Tür aufgebrochen, waren dann durch einen Stollen bis zum Sprengstofflager vorgedrungen und auf dem gleichen Weg zurückgekehrt, ohne entdeckt zu werden.

Vaclav Sveda war inzwischen einmal mehr von Fahndern verhört worden und hatte versucht, sich ein Alibi zu verschaffen, in dem er behauptete, in der fraglichen Zeit der Feuerlegung seine kranke Frau gepflegt zu haben. Auf die Spur war man ihm gekommen, als man bei Bauern in Mähren einen Brief fand, in dem der Satz stand: »Auch ein Kriegskamerad hat mich besucht.« Intensiv befragt hatten sie seinen Namen preisgegeben und so war es zu dem nächsten Verhör gekommen. Als die Polizisten ihn, seinem Alibi Glauben schenkend, wieder verlassen hatten, schlich sich Sveda zu den Masins, um ihnen Gefahr zu signalisieren.

Ctirad nahm das kaum zur Kenntnis. Er fühlte sich und die Gruppe sicher und ungefährdet. Er nahm sich nicht einmal die Zeit, Svedas Bericht über die Vernehmung bis zu Ende anzuhören, sondern befahl ihm, er solle herauszufinden, wie man einen Kesselwagen zur Entgleisung bringen könnte. Sveda aber hatte langsam die Nase voll. Auch bei den anderen nahm der Unwille zu.

Ctirad fuhr zu seinem Onkel nach Karlovy Vary, der endlich wissen wollte, wer denn eigentlich für die Flucht in Frage kam. Ctirad nannte seinen Bruder, Sveda, Janata und Paumer. Als er ihm die Idee mit dem Kesselwagen erläutern wollte, winkte Novak ab: Keine Abenteuer mehr! Ihr brecht am 3. Oktober auf. Treff ist in Chomutov. Von dort schleicht ihr euch über die DDR-Grenze und schlagt euch nach Westberlin durch. Nur Pistolen, sonst keine Waffen!«

Der 3. Oktober 1953 war ein nasskalter Tag. Zdenka Masinova holte für ihre Söhne warme Sachen aus dem Schrank. Als sie sie bereitgelegt hatte, fuhr sie ins Krankenhaus, wo sie sich rechtzeitig für eine Operation angemeldet hatte.

Am Abend traf sich das Quintett mit Novak in Chomutov. Der Onkel kontrollierte noch einmal die Vorbereitungen und gab Order: »In der DDR redet nur Janata!« Ctirad bekam den Auftrag: »Nach der Ankunft in Westberlin sofort Dr. Betzold aufsuchen. Hier seine Adresse. Der leitet alles bei den Amerikanern ein. Ich warte am Radio auf die vereinbarte Losung.«

In der Nacht überschritten sie die Grenze. An den ersten beiden Tagen hatten sie Mühe, sich zu orientieren. Sie mieden die Straßen. Ctirad wirkte unsicher. Hunger stellte sich ein, keiner schlief richtig. Es gab ersten Streit. Janata soll mit dem Gedanken gespielt haben, allein weiterzuziehen.

Gescheiterte Entführung

Citrad suchte verzweifelt nach einem Weg das Vorhaben zum Erfolg zu führen und schlug vor: »Wir beschaffen uns ein Auto! Das können wir doch!« Das war, als sie bis in die Nähe von Freiberg gelangt waren.

Er übernahm wieder die Funktion des Anführers: »Aufgabenverteilung wie zu Hause. Ich täusche einen verletzten Fuß vor, ihr stützt mich. Dort vorn im Wald starten wir die Aktion. Janata hält das Chloroform bereit.«

Die Aktion schien denn auch zu glücken. Schon der erste Wagen, dem sie gewinkt hatten, hielt an. Ein Arzt – später stellte sich heraus, dass es Dr. Hohlfeld war – stieg ahnungslos aus und wollte helfen. Sie überwältigten ihn und schleppten ihn in den Wald. Sie hatten allerdings nicht damit gerechnet, dass nach ihm auch andere Wagen hielten. Einer, weil er den Arzt erkannt hatte und Verdacht schöpfte. So scheiterte ihr Vorhaben. Die fünf flohen, der Arzt alarmierte die Volkspolizei. Sie hatten ihn zweifellos entführen wollen. Die Fahndung lief an. Auf Bahnhöfen und an Bushaltestellen wurden die Kontrollen verstärkt.

Die Bande versteckte sich in Wäldern, kam aber voran und entschloss sich, für die weitere Flucht einen Zug zu benutzen.

Auch was sich danach zutrug schilderten sie eingehend in ihrem später von Rambousek notierten Report: Am 9. Oktober waren sie in der Abenddämmerung in Elsterwerda angelangt. Sie warteten die Dunkelheit ab. Ziellos, aber aufmerksam bummelten sie durch die Straßen der Stadt, immer bemüht, nicht aufzufallen. Im Schutz der Dunkelheit wagten sie sich auf den Bahnhof. Ihr Ziel war Uckro, und sie wussten, dass es riskant war, ohne Fahrkarten, also »schwarz«, zu fahren. Nur wenige Züge hielten in Uckro, und auch deshalb war ein Versuch, eine Karten zu lösen sehr leichtsinnig gewesen. Sie waren sich auch klar darüber, dass sie durch ihr Äußeres auffallen konnten.

Sie beschlossen, den Zug zu benutzen, der gegen zwei Uhr nachts ab Elsterwerda fuhr. Bis dahin mussten sie sich verstecken. In der Nähe des Bahnhofs fanden sie einen Schuppen, in dem irgendwelche Geräte aufbewahrt wurden. Es gab eine Bodenluke, zu der eine Leiter führte. Als die Straße menschenleer war und sie sicher sein konnten, dass niemand sie beobachtete, krochen sie auf den Boden und schoben die Leiter zu Seite.

Gegen elf Uhr nachts gingen Josef und Vaclav zum ersten Mal zum Bahnhof, um Fahrkarten zu holen. Sie waren ziemlich sicher, dass zu dieser Zeit niemand in der Bahnhofshalle sein würde. Vaclav ging zum Schalter, während Josef den Bahnhof im Auge behielt. An der Kasse kam es zu Problemen, mit denen sie nicht gerechnet hatten. Vaclav erzählte den anderen hinterher, dass eine »unangenehm Alte« dort saß. Sie fragte Vaclav, wofür er denn allein fünf Fahrkarten benötige. Vaclav stotterte irgendeine Ausrede. Er hatte mit einer solchen Frage nicht gerechnet. Später begriffen sie, dass ihnen diese Frau an dem Fahrkartenschalter den ganzen Ärger eingebrockt hatte.

Er bezahlte die fünf Karten und kehrte auf den Schuppenboden zurück. Dort verbrachten sie die Zeit bis zur Abfahrt. Einer hielt Wache, die anderen sollten sich ausruhen. Sie entschlossen sich, bis zum letzten Moment zu warten, um nicht auf dem Bahnhof rumstehen zu müssen und aufzufallen.

In der Stille der Nacht war das Geräusch des nahenden Zuges gut zu hören. Sie stiegen die Leiter hinunter und betraten den Bahnhof in dem Augenblick, als der Zug einfuhr. In der Bahnhofshalle stand ein Volkspolizist, der aber nichts unternahm.

Sie teilten sich wie immer in zwei Gruppen und wählten einen unbeleuchteten Waggon mit Gang. Pepa (Josef) und Zbynek nahmen in einem Abteil Platz, Milan, Vaclav und Ctirad in dem danebenliegenden. Als der Schaffner kam, reichten sie ihm wortlos die Fahrkarten. Dann begannen sie die Stationen zu zählen, um die richtige nicht zu verpassen.

Unterwegs schlug einer plötzlich vor, einfach ein paar Stationen weiterzufahren, aber die anderen hielten das für keine gute Idee. Als sie Uckro erreicht hatten, weckten sie Ctirad, der eingeschlafen war, und stiegen gemeinsam aus. Auf dem Bahnsteig gingen etwa dreißig Fahrgäste zum Ausgang. Sie mischten sich in den Strom, gingen den Bahnsteig entlang zur Bahnhofshalle und wollten dann weiter zum Ausgang.

Ctirad Masin: »Ich ging dicht an einem Polizisten in schwarzer Uniform vorbei, aber ich hatte den Eindruck, dass er in einen Waggon einsteigen wollte.

Dann kam ich an dem Abfertigungsschalter vorbei, in dem ein Schaffner saß. Mit der linken Hand reichte ich ihm das Billett, mit der rechten umklammerte ich in der Tasche die Pistole.

Plötzlich stellte sich links von mir im Gang ein junger Vopo mit den Armen zur Seite und hielt Vaclav an. Als Pepa, der zwei Schritte hinter ihm war, vorbei gehen wollte, hielt der Polizist auch ihn an: ›Die Personalausweise, bitte!‹

Vaclav antwortete ihm freundlich lächelnd, dass er Grieche sei. Der Vopo wandte sich ironisch zu Pepa: ›Und Sie? Auch Grieche?‹

In diesem Augenblick stieß ich dazu und fragte auf deutsch: ›Was ist los?‹

Der Vopo wiederholte seine Aufforderung. Vaclav erklärte ihm, wir kämen aus Dresden, wo wir in einer Ziegelei arbeiteten, und dass wir nach Uckro mit dem Gruppenausweis gefahren seien, den er unglücklicherweise zu Hause vergessen habe. Der Vopo wiederholte seine Aufforderung und forderte uns auf, ihn zu begleiten, um die

Sache zu klären. Er fragte noch, ob wir alle deutsch sprächen? Vaclav antwortete: ›Nein‹.

Ich warf einen schnellen Blick in die Halle. Es standen da mehrere Vopos in grüner Uniform, einige hatten Köfferchen neben sich stehen. Ich schloss, dass sie in Urlaub fahren wollten. Einige Eisenbahner und mehrere Reisende verfolgten den Disput.

Wir verständigten uns mit Blicken. Gelassen folgten wir den Polizisten, vermutend, dass sie uns in irgendeinen Dienstraum führen würden, wo wir uns leichter abstimmen könnten. Unser Plan war klar: Mit vorgehaltenen Pistolen würden wie sie mit Chloroform betäuben, dann fesseln und dann Vorsprung gewinnen. Aber dann lief alles ganz anders.«

Der nächste Mord

Der Volkspolizist führte sie in einen Seitengang, wo Bänke an der Wand standen, und sagte: »Warten Sie hier. Ich komme gleich wieder.«

Ctirad machte sich ein Bild von dem Raum und stellte fest: Die Fenster waren vergittert. Am Ende des Ganges sah er einige geschlossene Türen. Seine Schlussfolgerung: Die Situation war kritisch. Er konstatierte, die Frau am Schalter in Elsterwerda hatte einen Alarm ausgelöst und in Uckro schien alles vorbereitet zu sein, sie zu überwältigen. Der Polizist, der verschwunden war, kehrte zurück, und ihm folgten – nach dem Getrampel zu urteilen – acht oder zehn Polizisten in schwarzer Uniform. Alle waren bewaffnet.

Ctirad: »Ich hörte das Klicken der Sicherungen und der Verschlüsse. Einer von ihnen brüllte mit der Kanone in der Hand: ›Hände hoch!‹

Ich gab den anderen mit den Augen ein Signal. Auch ein Kommissar, der mir gegenüber stand, brüllte: ›Hände hoch!‹ und stieß mich mit den Fäusten auf die Bank. Er war ein Älterer mit faltigem Gesicht, er trug Reithosen und hohe Stiefel. Erst viel später habe ich durch die Fotos in den Zeitungen erfahren, dass das der Kommissar Hermann Grummini war, der die Aktion befehligte.

Ich wehrte mich, zog die Pistole heraus und zielte auf den Polizisten, der direkt hinter ihm stand. Mir schien das im Augenblick das sicherste zu sein, da der mir direkt ins Gesicht zielte.

Ein metallischer Klack. Die Patrone klemmte. Bruchteile von Sekunden verstrichen. Nichts. Blitzschnell wiederholte ich und war dieses Mal erfolgreich. Der Kommissar stürzte sich wütend auf mich und warf mich zu Boden. Er setzte sich mir auf die Brust und hielt mir die ausgestreckten Arme an den Handgelenken fest. Schüsse dröhnten durch den Raum, Geschosse pfiffen und schlugen gegen die Wand. Die Luft war erfüllt von Pulverrauch und Schmauch. Unter Anspannung aller Kräfte wälzte ich mich herum und hatte den Kommissar unter mir.

Er ließ meine Hände los, griff mir an die Kehle und begann mich zu würgen. Aber das war sein Ende. Ich drückte ihm den Lauf der Pistole auf die Brust und schoss. Er zuckte zusammen und sein Griff lockerte sich augenblicklich.«

Film zur Rechtfertigung?

Erwähnt worden war schon, dass der *SFB* im Jahr 2000 im Auftrag der *ARD* einen 45-Minuten-Dokumentarfilm produzierte, der am 10. Oktober 2001 (23.30 Uhr) unter dem Titel »Der Luckauer Krieg – Flucht nach Westberlin« zum ersten Mal ausgestrahlt wurde. Der Leser wird sich fragen: Was kann eine öffentlich-rechtliche Fernsehanstalt der BRD bewogen haben, dem Versuch von fünf Verbrechern, sich den Weg nach Westberlin freizuschießen einen Dokumentarfilm zu widmen?

Der Versuch, diese Frage zu beantworten, soll noch durch einen Zeitsprung ergänzt werden, weil der die Motive deutlicher werden lässt.

Die *Lausitzer Rundschau* hatte aus kaum erklärbaren Motiven ihre Leser mit einem »Aufruf« an den beschriebenen Feuerüberfall im Uckroer Bahnhof erinnern wollen. Und zwar ein knappes halbes Jahrhundert nachdem er erfolgt war, exakt am 13. Oktober 2000. Das musste bei jedem den Verdacht aufkommen lassen, dass die Redaktion, in der eine gewisse Annett Eger den Text formuliert hatte, das Geschehen von 1953 in Erinnerung zu rufen gedachte.

Um der Opfer zu gedenken, die damals ums Leben gekommen waren? Das ließ der Text kaum vermuten. Eher schien ein Interesse erkennbar, dem tragischen Ereignis eine Art »Heimatkrimi« zu widmen – und »Helden« zu feiern, die tatsächlich Mörder waren.

Gehen wir Schritt für Schritt vor.

Schon die Überschrift ließ Misstrauen aufkommen: »Zeitzeugen für Dokumentar-Film werden gesucht«.

Der Text verriet schon mit den ersten Zeilen im Hinblick darauf, dass es sich um eine Schießerei mit Todesfolge gehandelt hatte, unübersehbare Geschmacklosigkeit: »Luckau macht nicht nur mit der Landesgartenschau von sich reden. Immer wieder interessieren auch die Geschehnisse aus der Vergangenheit. So erreichte die Redaktion der *Lausitzer Rundschau* in jenen Tagen ein Anruf vom *Sender Freies Berlin*. Autor Gerald Endres plane gemeinsam mit Ute Bönnen einen Dokumentarfilm über die Ereignisse von 1953 in Luckau zu drehen, hieß es. Damals hätten fünf Tschechen versucht, nach Westberlin zu flüchten. Die Region um Luckau spiele dabei eine tragende Rolle. Wie Endres sagte, hätte sich das Geschehen auf dem Bahnhof in Uckro in einem Zug zugespitzt. Ein Schnellkommando aus Luckau sei damals nach Uckro gefahren und hätte das Feuer eröffnet. Ein Polizist sei dabei ums Leben gekommen, weiß Endres aus seinen Recherchen zu berichten.«

Zunächst: An dem Tag, an dem dieser »Aufruf« erschien, lebten in und um Luckau noch zahlreiche Zeitzeugen, vor allem auch Angehörige der Opfer. Jeder halbwegs gewissenhafte Journalist oder Dokumentarist hätte damit begonnen, sich um Kontakte mit denen zu bemühen, statt in einer Zeitung einen »Aufruf« publizieren zu lassen, der das Feuergefecht mit der Landesgartenschau auf eine Stufe stellte.

Zudem: Der Mann, der es für richtiger gehalten hatte, in jener Redaktion anzurufen, als sie aufzusuchen und dort nachzublättern, was damals Augenzeugen berichtet hatten, verkündete blanke Unwahrheiten: Das »Schnellkommando« hatte nicht das »Feuer eröffnet« und demzufolge war der ermordete Volkspolizist auch nicht durch das von dem »Schnellkommando« eröffnete »Feuer« »ums Leben gekommen«. Schon diese ersten Zeilen erinnerten an Goethes Zitat aus »Torquato Tasso«: »So fühlt man die Absicht und man ist verstimmt.«

Wer ist dieser so oberflächlich recherchierende Dokumentarist? Gerald Endres wurde 1955 in Kaufbeuren geboren, studierte Publizistik, Politologie und Theaterwissenschaften an der Freien Universität in Berlin-West, mutierte zum Dokumentarfilmregisseur und hielt eines Tages die »Geschehnisse« von Uckro für filmreif.

Noch einige Kostproben aus dem von Endres initiierten *Rundschau*-Text:

»Wie man heute wisse, sei die Aktion bei der Polizei unter Panik gelaufen und schlecht koordiniert gewesen. Endres weiß aber auch, dass die Tschechen auf dem Land viel Unterstützung bekommen haben und die Situation gerade auf den Dörfern sehr kompliziert und zugespitzt war. Von den fünf Flüchtlingen habe die Polizei zwei erwischt.

›Sie wurden in die Tschechei ausgeliefert und sind dort hingerichtet worden‹, so der Berliner. Die drei weiteren hätten die Flucht geschafft und seien in die USA ausgewandert. In den Reihen der Polizei habe es aber auch noch Schussopfer gegeben. ›1953 war ein entscheidendes Jahr in der Geschichte der DDR. Reizvoll die politischen Verhältnisse auf dem Dorf und die Umorganisation der Polizei‹ sagt Endres.

Geplant sei ein 45-minütiger Dokumentarfilm, der versuchen will, die Atmosphäre von damals einzufangen. ›Damit uns dies gelingt, suchen wir Zeitzeugen, die sich noch gut an die Geschehnisse erinnern können‹. Interessenten, die zum Filmprojekt beitragen können, melden sich unter xyz.«

Da bliebe wohl nur die einstige Standardfrage zu stellen: Sind noch Fragen?

Wer keine zu stellen hätte, wüsste: Hier sollte – von der Obrigkeit gebührend gefördert – die Serie der Anti-DDR-Filme fortgesetzt werden. Und so wurde das Vorhaben, die Morde von Uckro »reizvoll« zu filmen, also in Gang gesetzt.

Hier wäre noch hinzuzufügen, dass in den zurückliegenden zwanzig Jahren – rein virtuell gemessen – Millionen Meter Film belichtet wurden, um den »Nachweis« zu führen, dass die DDR ein »Unrechtsstaat« gewesen war und demzufolge dieses Projekt auch nicht überwertet, sondern eben als eines von vielen zu bewertet werden sollte. Das bewahrt die daran Beteiligten nicht vor dem Vorwurf, die Gefühle der noch lebenden Angehörigen der Ermordeten in aller Öffentlichkeit misshandelt zu haben und das eben nur um diese »Unrechtsstaat«-These einmal mehr zu wiederholen.

Um das Gewicht dieses Vorwurfs zu erhärten, seien dem Leser noch Proben aus dem »Werbetext« präsentiert, der dem Film vor seiner Fernsehaufführung für die Medien beigegeben worden war und den – wer daran zweifeln sollte – heute noch im Internet nachlesen kann: »Das Drama beginnt wenige Monate nach dem Volksaufstand vom 17. Juni: Anfang Oktober 1953 überschreiten fünf junge Tschechen heimlich die Grenze zwischen der Tschechoslowakei und der DDR, um sich nach Westberlin durchzuschlagen.«

Hier wäre zum Beispiel anzumerken: Wer, wie der Leser, die Vorgeschichte der Mordserie in der CSR kennt, weiß, dass der Termin des Geschehens in Uckro nicht das Geringste mit dem 17. Juni zu tun hatte, ganz zu schweigen davon, dass der Autor dieses »Zusammenhangs« bei Gelegenheit mal zur Kenntnis nehmen sollte, dass die Bundesregierung schon vor Jahrzehnten ermittelt hatte, maximal acht Prozent der DDR-Bevölkerung hätte an jenem Tag gestreikt, was für einen »Volksaufstand« kaum zureicht.

Weiter mit der »Werbung«: »In der Tschechoslowakei hatten sie als bewaffnete Widerstandsgruppe gegen das kommunistische Regime mehrere Menschen getötet. Jetzt fürchteten sie die Entdeckung.«

Zu beachten: Sie fürchteten die »Entdeckung« – nicht etwa die weltweit für das Töten von Menschen übliche Strafe!

Und dann noch: »Außerdem wollten sie im kommenden großen Krieg zwischen der Sowjetunion und den USA auf der ›richtigen‹, der amerikanischen Seite kämpfen.

Zu Fuß ist der Weg nach Westberlin zu weit, und der Versuch, ein Auto zu entführen scheitert. Also fahren die Tschechen mit dem Zug. Am Bahnhof von Uckro, rund 60 Kilometer vor Berlin, werden die auffälligen Ausländer jedoch schon von einer Polizeieinheit erwartet. Sie schießen sich den Weg frei. Ein Polizist stirbt, ein weiterer wird schwer verwundet. Die folgende Fahndung wird zur militärischen Großaktion. Rund 15.000 Mann sind im Einsatz: Volkspolizei, Kasernierte Volkspolizei sowie sowjetische Soldaten mit leichten Panzern. Doch den Verfolgern unterläuft eine Panne nach der anderen, immer wieder schießen sie aufeinander, Polizisten und Soldaten sterben durch die Kugeln der eigenen Leute. Die Verfolgten finden immer wieder Unterschlupf oder können sich den Weg freischießen. […] In der Region um Luckau erinnern sich noch viele an den Luckauer Krieg, und immer wieder werden Sympathien für die Flüchtlinge deutlich.«

Auch diese Tatsachenkonstruktion verweist auf das einzige Ziel des Films: Anti-DDR-Propaganda! Der Film liefert nicht die Spur eines Beweises dafür, dass die Bevölkerung rund um Luckau aus antikommunistischen Motiven den Mördern mit Sympathie begegnet wäre. Hinzu kamen noch solche Zahlenspiele wie der Erhöhung der angeblich eingesetzten Polizisten. Nach Endres ersten Recherchen waren es 10.000 gewesen, im Film waren es dann schon 15.000. Ein Hinweis mehr darauf, wie der »politische Hintergrund« ergänzt wurde.

Dass man nicht umhin kam, auch einen – inzwischen verstorbenen – Zeugen zu filmen, der von sechs Schüssen getroffen, nur überlebte, weil die aufs Herz abgefeuerte Kugel von seinem FDJ-Ausweis in der Uniformtasche aufgehalten worden war – ändert nichts an den Absichten der Filmemacher.

Zudem wäre hier sogar an § 130 des Strafgesetzbuches zu erinnern, auch wenn der Jurist zaudern mag: »Volksverhetzung – (1) Wer in einer Weise, die geeignet ist, den öffentlichen Frieden zu stören,

1. zum Hass gegen Teile der Bevölkerung aufstachelt oder zu Gewalt- oder Willkürmaßnahmen gegen sie auffordert oder

2. die Menschenwürde anderer dadurch angreift, dass er Teile der Bevölkerung beschimpft, böswillig verächtlich macht oder verleumdet,

wird mit Freiheitsstrafe von drei Monaten bis zu fünf Jahren bestraft.«

Im Film selbst wurden die schon erwähnten Absichten auch schon im Einleitungstext hörbar: »Begonnen haben die Ereignisse in der Tschechoslowakei des Jahres 1948. Ein kommunistischer Putsch beendet den Versuch nach der Befreiung von den Nazis die Demokratie aufzubauen. Das kommunistische Regime bekämpft jede Art von Opposition mit äußerster Brutalität. Die Säuberung treffen Freunde und Feinde. Doch die kommunistische Herrschaft ist noch nicht völlig gesichert. Immer wieder regt sich Widerstand. Dazu gehören auch auch Ctirad Masin und sein jüngerer Bruder Josef.«

Mit dieser Manipulation der historischen Tatsachen von 1948 – wohlgemerkt ausgestrahlt im Jahr 2001 – wurde vorsätzlich versucht, die Morde der Masins als »Widerstand« gegen einen »Putsch« auszugeben und auf diese Weise auch zu rechtfertigen.

Der Film hieß »Krieg in Luckau«. Die Masins sind gebürtige Tschechen. Sie begingen einen großen Teil ihrer Verbrechen in ihrer Heimat. Was also kann das öffentlich-rechtliche Fernsehen der BRD bewogen haben, die ihr anvertrauten Mittel für einen Film auszugeben, dessen Hauptdarsteller in zwei Staaten Morde begangen hatten? Man wird noch auf Antworten zu dieser Frage stoßen, die allerletzte Zweifel an den mit diesem Film verfolgten Ziel beseitigen. Und betont werden muss auch: Alle in deutscher Sprache formulierten Aussagen der Masin-Brüder wurden im Film kommentarlos wiedergegeben, wodurch die Schöpfer des Films – gleichgültig, ob vorsätzlich oder nicht – bekundeten, dass sie deren Standpunkt keines kritischen Kommentars für nötig befanden. Hier einige Kostproben.

»Josef Masin: ›Da konnte man denken, das ein Konflikt zwischen Kommunismus und der Demokratie stattfinden wird und dass dieser Konflikt sich in einen Krieg eventuell entwickelt. Und wir wollten auf der Seite der Demokratie sein.‹

Ctirad Masin: ›Damals hat man nicht soviel geträumt und geschätzt. Das war einfach eine Sache, welche man machen musste und Ende.‹

Josef Masin: ›Damals die Situation in der Ostzone war ähnlich wie in der Tschechoslowakei. Repression, die Opression von oben, diese politische Druck, sämtliche Familien, das war vielleicht noch schlimmer als in der Tschechoslowakei. In Deutschland waren viele Leute in Gefangenschaft in Russland. Da sind viele Leute abgeschleppt worden, nachts nach Russland oder ins Gefängnis, und die Leute haben sich mit uns identifiziert.‹

Josef Masin: ›Wir haben zusammen gesessen im Zug, und es war ganz klar, wenn da zwei, drei Polizisten kommen, das wussten wir, dass wir mit denen sicherlich fertig werden können.‹

Ctirad Masin: ›Das war klar, dass wir kamen keine Hände hoch, wir mussten etwas machen, sonst wir waren zurück in Gefängnis.‹

Ctirad Masin: ›In dem Moment ging das los, da hat wahrscheinlich Jo geschossen und die Polizisten einfach Schießerei. Und der Grummini hat mich runtergeschlagen und hat meine Hände gehalten und auf meiner Brust gesessen und rundrum hat das geknallt. Jetzt habe ich den Grummini unter mich gekriegt und habe ihn erschossen.‹

Ctirad Masin: ›Sehen Sie, wie das geht in Krieg. Das kann man nicht, mit dem Feind kann man scheinbar kein Mitleid haben. Wenn du ihn nicht erschießt, erschießt er dich, ganz einfach.‹

Ctirad Masin: ›Ich wollte an jemanden schießen, so weit weg von unsere Position, dass die gedacht haben, dass wir sind irgendwo anders als wir in Wirklichkeit waren. Das war ein unmögliche Schuss kann man sagen mit Pistole aber trotzdem habe ich das versucht und ich hab ihn getroffen und ihn erledigt.‹«

Flucht durch die Nacht

Autor Rambousek vervollständigte später diese Geständnisse, und so erfuhr man von den Tätern bis zur letzten Einzelheit, was nach dem Verbrechen auf dem Bahnhof Uckro geschah.

Ctirad Masin: »Schnell schaute ich mich um. Im Gang verzogen sich langsam die Rauchwolken und es herrschte Grabesstille. Der Kommissar lag auf dem Rücken, gleich neben dem Polizisten, dem ich die erste Verwundung verpasst hatte; nicht weit davon ein Dritter. Auf dem Fußboden breitete sich nach und nach eine Blutlache aus. Ich war der Letzte. Ich schlug mich zur Halle durch. Nirgendwo ein lebendiges Wesen. Raus aus der Tür! Vor dem Bahnhof stand ein verlassenes

Polizeiauto. Links sah ich in der Dunkelheit jemanden laufen.

Jemand rief mir zu, ich solle mich beeilen. Das war Pepa. Ich holte ihn ein, und nach einer Weile trafen wir auf Milan und Vaclav. Wir durchliefen einige dunkle Straßen. In einer Allee alter Kastanien war es noch dunkler.

Wir waren atemlos, wagten aber nicht, langsamer zu laufen. Da war denn auch schon der Stadtrand und wir erreichten einen Waldweg. Wo Zbynek abgeblieben war, wusste keiner von uns.

Wir füllten die Magazine auf. Pepa nahm im Lauf einige Patronen von Vaclav. Die Pistolen steckten wir in die Tasche, um besser laufen zu können. Wir stolperten über Wurzeln. Die Richtung bestimmten wir nach dem Geratter der fahrenden Züge. Ohne auszuruhen liefen wir fünfzehn bis zwanzig Kilometer. Wenn einer am Rande der Erschöpfung war, ermunterten wir uns gegenseitig. Wir wollten bis zum Morgen die Polizei abschütteln und den Einkreisungsring hinter uns lassen.

Als es zu tagen begann, lagerten wir am Rand eines Waldes. Da war ein Mohrrübenfeld. Jeder von uns versorgte sich mit dem Gemüse. Wir suchten ein geeignetes Versteck und fanden eine Baumschule. Wir legten uns in die Furchen und tarnten sie mit kleinen Zweigen und Gras. Dann versuchten wir die Geschehnisse der vergangenen Nacht zu rekonstruieren, aber jeder von uns sah die Situation anders.«

Der 47-jährige Abschnittsbevollmächtigte der Volkspolizei, Kommissar Hermann Grummini, war erschossen, der 25-jährige Unterkommissar Helmut Strempel von mindestens sechs Schüssen getroffen und ins Kreiskrankenhaus Luckau eingeliefert worden.

Die erste Untersuchung der Ärzte ergab: »Wir stellten fest, dass er von einer ganzen Reihe von Schüssen getroffen war, sich bei der Aufnahme in schwerem Schock- und Kollaps-Zustand nicht ansprechbar, in äußerster Lebensgefahr schwebend, befand. [...] Die rechte Lunge atmete nicht mit. [...] Puls kaum tastbar. [...] Röntgenologisch fanden wir ein Projektil über dem re. Zwerchfell, fernerhin ein 2. Pistolensteckschussprojektil im Bereich der re. Beckenschaufel. [...] Am Dünndarm fanden sich 12 Schussöffnungen, d. h. 6 Durchschüsse. [...]«

Die Ärzte kämpften um sein Leben und retteten es. Es dauerte Monate, ehe er entlassen werden konnte.

In dem 46 Jahre später gedrehten Film machte er folgende Äußerungen: »Also die Schnellkommandos wurden zu dieser Zeit, also 1953, erst ins Leben gerufen. Bis dato gab's in der Struktur der Polizei solche Schnellkommandos nicht. [...] Ich bin etwa gegen vier Uhr frühmorgens verständigt worden vom diensthabenden Offizier, dass ich zu einem Einsatz zum Bahnhof Uckro ausrücken sollte. Es war dort lediglich informiert, dass sich im Zug, der in Kürze eintrifft, vermutlich fünf Ausländer befinden, die sich im Bahnhof Elsterwerda verdächtig benommen hätten. Der Zug musste im nächsten Moment einlaufen. Dass wir den Bahnhof nach der ge-

genüberliegenden Seite im offenen Gelände die beiden MPI-Schützen zur Sicherung einsetzen und die übrigen Kräfte, das waren praktisch die Dienstanfänger, die haben wir dann hier auf dem Bahnhof verteilt, auf dem Innenraum des Bahnhofs. […] Als wir beide reinkamen standen die fünf Personen neben der Eingangstür. […]

Dann bin ich irgendwie wieder zu Bewusstsein gekommen, und dann hab ich selbst gesehen, dass Grummini dort praktisch auf dem Boden lag in einer Blutlache, und das war eigentlich der ganze Hergang, der sich in wenigen Sekunden abgespielt hat. […]

Man sagt ja auch im Rechtsstaat, Mord verjährt nicht. Dass die gleichen Verbrecher, Mörder, die in der Tschechei Morde begangen haben, hier einige Mordtaten auf dem Gewissen haben, dann hier 1989 oder '90, sich hier im Kreis bewegen konnten und faktisch den Weg noch mal entlanggehen, wo sie praktisch die Blutspur gezeichnet haben, unbehelligt, das hat mich natürlich bewegt.«

Zwei weitere Polizistenmorde

Die Bande war an jenem Morgen, an dem sie Grummini ermordet und Strempel schwer verletzt hatte, entkommen und suchte weiter den kürzesten Weg nach Westberlin. Sie war inzwischen nur noch zu viert. Zbynek Janata war verschwunden. Keiner hatte gesehen, dass er bei der Schießerei getroffen worden war. So wuchs der Verdacht, dass er die Gruppe heimlich verlassen habe.

Tatsächlich hatte er sich auch aus dem Staub gemacht, war aber schon gegen Mittag beim Dorf Pelkwitz von der Volkspolizei gefasst worden. Zunächst leugnete er jeden Kontakt zu den anderen, gab sich als Dresdner Student aus, doch half das Lügen nicht lange. Als man in seinem Rucksack Patronen fand, gab er alles zu, wusste aber nichts darüber, auf welchem Weg seine Kumpane weitergezogen waren. Die stießen bei dem Versuch, die Schonung, in der sie sich versteckt hatten, zu verlassen auf einen Posten, der auf der nahen Straße patrouillierte. Sie fürchteten, dass er nicht allein wäre.

Hier muss angemerkt werden, dass später oft behauptet wurde, die unbestritten mangelhafte Koordination zwischen den verschiedenen Einheiten, sei auf höhere Weisung in der DDR verschwiegen worden. Auch der ehemalige Volkspolizei-Offizier Wolfgang Mittmann, der nach 1990 mit zahlreichen Veröffentlichungen hervortrat, verbreitete in seinem Buch »Tatzeit« diese Version, wobei er die reale Situation des Jahres 1953 ignorierte. Damals wurde die Volkspolizei neu strukturiert. Wie auch Helmut Strempel erwähnte, waren die neuen Schnellkommandos bis dahin kaum jemals eingesetzt worden. Gemeinsame Übungen mit der Sowjetarmee hatten nie stattgefunden, schon weil die Kasernierte Volkspolizei erst im Juli 1952 gegründet worden war.

Zudem hatte niemand den Mordzug der Masins erwarten können. Aus der CSR waren keinerlei Warnungen gekommen. Daraus ergab sich auch, dass niemand wusste, wie umfangreich diese Bande tatsächlich war, ganz zu schweigen davon, dass niemand Hinweise hatte, welche Absichten sie verfolgte. Es gab die Meldung von dem missglückten Überfall auf den Arzt bei Freiberg und dann dic Mitteilungen über ihr Auftauchen auf dem

Bahnhof in Elsterwerda. Nichts davon reichte aus, um ein gemeinsames Kommando zu bilden, das die Verfolgung zielstrebig aufnehmen konnte. Und auch, dass sich in dieser Phase sowjetische Offiziere durch nichts veranlasst sahen, DDR-Polizisten über ihre Einsatzpläne zu informieren, lag auf der Hand. So kam es, dass sowohl die Volkspolizei alarmiert worden, zu ihrer Unterstützung die noch im Aufbau befindliche Kasernierte Volkspolizei in Marsch gesetzt wurde und auch die sowjetische Besatzungsmacht der unbekannten Mordbande, von der es hieß, es könnte sich um Ausländer handeln, nachsetzte. Das führte zu den nicht miteinander abgestimmten Aktionen und zu allem Unglück auch noch zu ein oder zwei Todesopfern durch Schüsse aus den eigenen Reihen. Dass Zurückhaltung bei der Publikation dieser Ereignisse gewahrt wurde, kann kaum jemanden überraschen – es sei denn, er sähe eine weitere Gelegenheit darin, die DDR zu verteufeln.

Die Masins nutzten die ihnen möglicherweise nicht entgangene Situation, in der man sich um die Koordinierung der Operation bemühte und konzentrierten sich darauf, so schnell wie möglich in Richtung Westberlin voranzukommen. Da sie über keinerlei Ortskenntnisse verfügten, hatten sie zahlreiche unerwartete Hindernisse zu überwinden und mussten äußerste Vorsicht walten lassen. Sie gerieten in ein Sumpf-Gebiet, von dem sie sich allerdings mehr Sicherheit gegenüber den Verfolgern erhofften. Danach gelangten sie an einen Heuschober, der sie vermuten lassen konnte, wieder offenes Wiesengelände erreicht zu haben. Bald darauf stießen sie auf eine Straße, die es ihnen gestattete, sich zu orientieren. Von Zeit zu Zeit unterbrachen sie zudem ihren Marsch und einer aus dem Quartett – meist Josef Masin – versuchte, die Gegend zu erkunden. Er orientierte sich bald an den Geräuschen, die von der nahen Autobahn kamen und führte die vier zu einer Auffahrt, die sie aber bald wieder räumten, weil sie kaum Hoffnung hegten, die Autobahn unentdeckt überqueren zu können. In einem Birkenhain fanden sie ein ausgebranntes Militärfahrzeug, das dort offensichtlich seit Ende des Krieges verrottete.

Plötzlich fiel ein Schuss. Sie gingen in Deckung und hörten bald darauf ein sich näherndes Auto, das aber schnell weiterfuhr. Immerhin wussten sie nun, dass die nahe Straße konsequent überwacht wurde und entschieden, trotz der damit verbundenen Risiken die Autobahn zu überqueren, um in dem auf der anderen Seite vermuteten waldigen Gebiet zügiger voranzukommen. Nebel begünstigte ihr Vorhaben. Dann entschlossen sie sich, in einer Scheune wenigstens eine Nacht zu rasten und ein paar Stunden zu schlafen. Sie fanden endlich eine, schlichen sich hinein und versteckten sich im Stroh. Mitten in der Nacht durchsuchte Volkspolizei das Dorf, fand sie aber nicht in ihrem Versteck. Gegen Mittag hörten sie die Durchsage eines Lautsprecherwagens: »Hier spricht die Volkspolizei. In ihrem Bezirk befinden sich vier Banditen, die mehrere Raubmorde auf dem Gewissen haben. Die Bevölkerung wird zur Mitarbeit aufgerufen.«

Es folgten die Personenbeschreibungen und der Hinweis: »Achtung! Sie sind bewaffnet. Bei Wahrnehmungen sofort die nächste Volkspolizei-Dienststelle benachrichtigen!«

In der nächsten Nacht erkundeten sie die umliegenden Bauernhöfe, versorgten sich mit Wasser aus einer Pumpe und stahlen Gemüse, um ihren Hunger zu stillen. Täglich kam eine Frau in die Scheune, um Stroh zu holen. Als die vier sich entschlossen, das Versteck zu verlassen, sah sie diese Frau, welche gerade mit zwei Männern redete. Kurz darauf inspizierte sie erneut die Scheune, und einiges deutete darauf hin, dass die Frau sie längst entdeckt hatte. Vaclav Sveda entsicherte seine Waffe und folgte ihr ins Wohnhaus, wo er sie zur Rede stellte.

Sie bat ihn, nicht zu schießen und sagte, dass ihr Großvater bereits zur Polizei gegangen sei.

Sveda kehrte in die Scheune zurück, schilderte, was er erfahren hatte. Die drei folgten ihm dann ins Haus. Die Bauersfrau schmierte ihnen Brote vor gezogener Pistole und und sagte ihrem etwa 13-jährigen Jungen, der solle den Männern den Weg aus dem Dorf zeigen.

Diese Tatsache ist von Belang, weil die Filmdokumentaristen bekanntlich in ihrer Vorankündigung behaupteten: »Die Verfolgten finden immer wieder Unterschlupf. […] In der Region um Luckau erinnern sich noch viele an den Luckauer Krieg, und immer wieder werden Sympathien für die Flüchtlinge deutlich. Nicht zu Unrecht misstraute das Ulbricht-Regime der Landbevölkerung. Die Stimmung auf den Dörfern war schlecht, denn gerade hatte die Zwangskollektivierung begonnen.«

Tatsächlich wurde in dem Film auch eine Familie zu diesem Thema interviewt. Hier der Wortlaut: »Kam mal ein Tscheche, er gab mal Geld, ich sollte zu Essen holen, da wurde ich abgefangen, das war nicht nachts, aber der Nachtwächter auf der Straße. Und der sagte, das gibt's nicht, da musste ich das Geld wieder zurückgeben. Tschechen haben auch genommen und so mussten sie ohne Nahrung weiterziehen. [...] Die Wahrheit war, dass wir nichts wussten und sie auch keine Nahrung von uns bekommen haben. Die Polizei sagt, ihr habt se weitergeholfen, ihr habt se Nahrung gegeben. Wie sollten wir das nu beweisen? Meine Mutter die war krank.«

Soviel zur Landbevölkerung und ihrer »Sympathie« für die Mörder.

Die vier flohen weiter, wurden unweit der Ortschaft Waldow von den sie verfolgenden Volkspolizisten und Rotarmisten gestellt. Es kam zu einem Schusswechsel, bei dem Vaclav Sveda verletzt wurde. Er soll die anderen aufgefordert haben, ihn zu erschießen, damit er nicht in die Hände der Polizei fallen würde.

Kurz darauf wurde er festgenommen.

Ctirad Masin aber setzte seine Mordserie fort. Als die Bande eingekesselt war, zielte er – um die Verfolger zu irritieren – aus ziemlicher Entfernung auf den Rücken eines Volkspolizisten. So starb der 23-jährige Hauptwachtmeister Heinz Sunkel, Vater von zwei Kindern. Sein nächstes Opfer war der 41-jährige VP-Kommissar Martin Lehmann, Vater von sechs Kindern.

Auf diese Weise entkamen sie dem Kessel und erreichten den S-Bahnbereich. Die drei krochen unter die Wagen und erreichten am 30. Oktober 1953 gegen Mitternacht Berlin. Ctirad und Josef Masin wurden 48 Stunden später mit einer USA-Militärmaschine nach Frankfurt am Main ausgeflogen, Milan Paumer wurde in einem Militärhospital an einer Schusswunde behandelt.

Abschied von den Opfern

Am 20. Oktober 1953 war Hermann Grummini beigesetzt worden. Vom Tag darauf berichtete eine Zeitung: »Heute sind in der Tuchmacherstadt Cottbus die Fahnen auf Halbmast gesetzt. Auf den Straßen drängt sich die Bevölkerung, der gesamte Verkehr ruht. Während in der Bezirksbehörde der Volkspolizei die Delegationen aus allen VP-Dienststellen des Bezirks zur Teilnahme an den Trauerfeierlichkeiten [...] eintreffen, haben sich Tausende Cottbusser vor den Stadtsälen eingefunden, um den dort aufgebahrten drei ermordeten Volkspolizisten ihren letzten Gruß zu entbieten und von ihnen Abschied zu nehmen.

Die lange Reihe der Wartenden reißt nicht ab. Schweigend betreten Männer und Frauen die in Rot und Schwarz gehaltene Halle. An der Bahre der Toten hat inzwischen die letzte Ehrenwache Aufstellung genommen. Es ist kurz vor 14 Uhr, als sich der Trauerzug zum Altmarkt in Bewegung setzt, voran eine Ehrenkompanie der Volkspolizei und Offiziere mit den Ordenskissen der ermordeten Kameraden. Vom Straßenrand und aus den Fenstern verfolgen die Menschen die stumme Demonstration, reihen sich schließlich ein und geben den Toten das Geleit. Man spürt, was die gesamte Bevölkerung bewegt: Ihr sollt nicht umsonst gestorben sein; wir werden es nicht zulassen, daß Faschisten in unserer Republik ihr Haupt ungestraft erheben können.

Auf dem Altmarkt spricht der 1. Sekretär der SED-Bezirksleitung, Albert Stief. Er findet für die Angehörigen Worte des Trostes, für die versammelte Bevölkerung

Worte der Mahnung, den Kampf gegen die Feinde des Friedens verstärkt fortzusetzen. Seinen Aufruf, bei der Ergreifung der faschistischen Terroristen mitzuhelfen, hören nahezu 15.000 Einwohner der Stadt.

Die letzten Takte von »Unsterbliche Opfer« sind verklungen. Drei Schuss Ehrensalut verhallen. Herbert Hoffmann, Hermann Grummini, Martin Lehmann und Heinz Sunkel weilen nicht mehr unter uns, den Mördern und ihren imperialistischen Hintermännern aber versichern wir angesichts unserer toten Kameraden: Der Kampf um Frieden, Einheit, Demokratie und Sozialismus geht weiter! Wir werden nicht eher ruhen, bis den letzten Feinden unseres Volkes das verbrecherische Handwerk gelegt ist!«

Die Familie Sunkel veranlasste später die Aufstellung einen Gedenkstein mit der Aufschrift: »Hier wurde am 16. 10. 1953 der Hwm. der VP Heinz Sunkel – geb. am 10. 5. 1930 – durch Konterrevolutionäre ermordet.«

Einrichtungen in der DDR bekamen die Namen Hermann Grummini und Helmut Sunkel verliehen, um an die ermordeten, im Dienst gestorbenen Polizisten zu erinnern. Nach 1990 wurden ihre Namen getilgt.

II. Das »Recht« der Mörder

Als die DDR unterging

Alles bisher Geschilderte trug sich im Herbst 1953 zu. Die DDR hatte kurz zuvor den vierten Jahrestag ihrer Gründung gefeiert.

1989 beging sie den 40. Jahrestag.

Als am 6. Oktober 1989 das Flugzeug in Schönefeld gelandet war, mit dem die sowjetischen Besucher der Feierlichkeiten nach Berlin gekommen waren, gab es die übliche herzliche Begrüßung zwischen Gastgebern und Gästen. Der mächtigste Mann der Sowjetunion, Michail Sergejewitsch Gorbatschow, zog händeschüttelnd an der Reihe der Gastgeber vorüber, und als er beim DDR-Verteidigungsminister Heinz Keßler angelangt war, gab er dem zu verstehen, dass er außer dem Händedruck noch etwas zu sagen hätte. Es waren sechs Worte: »Wir lassen euch nicht im Stich!«

Wenige Wochen später brach er dieses Versprechen und ließ die Genossen der DDR im Stich, in dem er sie schmählich verriet.

Um Irr- und Auswege zu meiden: So ging die DDR unter!

Dass zu denen, die diesen Untergang feierten und aus der Ferne bejubelten, auch jenes des mehrfachen Mordes schuldige Brüderpaar gehörte, liegt nahe. Und dass die Angehörigen ihrer Opfer nach dem Untergang der DDR nicht mehr mit Beileid rechnen konnten, auch.

Das dürfte die Familie Sunkel vorausgesehen haben, als sie sich entschloss, die Tafel, die an den Mord erinnerte, in Sicherheit zu bringen und das Grab einzuebnen. Sie wollte ihn nicht ein zweites Mal exekutieren lassen!

Ihre bösen Ahnungen erfüllten sich schon bald. Die Mörder machten sich – wie publik wurde –, begleitet von ihren Enkeln, auf den Weg nach Luckau. Und hatten keine Hemmungen, dort ihren Nachkommen die Stätten ihrer antikommunistischen Morde zu zeigen.

Dank der Kunst der Ärzte und weil die auf sein Herz gezielten Kugeln von FDJ-Ausweis, Taschenkalender und Familienfotos aufgehalten wurden, hatte Heinz Strempel überlebt. Er wurde von den Masins allen Ernstes per Telefon eingeladen, an ihrer Morderinnerungstour teilzunehmen.

So präsentierte sich in Luckau und Uckro der »Rechtsstaat« mit seiner Moral!

Ein neues »Zeitalter« hatte in und um Luckau begonnen und mir bleibt nur der Weg, diesem »Zeitalter« eine Chronik der Geschehnisse zu widmen, die sich im Schatten des angeblich die Würde des Menschen bewahrenden Grundgesetzes zugetragen haben.

2001: Medien-Jubel für »Rambos«

Als das neue System zehn Jahre im Amt war, hatte niemand mehr Bedenken, die Morde von Uckro endgültig als »Widerstand« gegen die DDR, gegen den »Unrechtsstaat« und natürlich gegen den »Kommunismus« auszugeben und der Autor gestattet es sich, auch den aufmerksamen Leser an die Worte des Luxemburg-Liebknecht-Mordauftraggebers Pabst zu erinnern: »Es lag nur im Interesse unseres Deutschlands, dass wir es damals vor dem Schicksal bewahrten, das ihm heute Herr Ulbricht und seine Drahtzieher bereiten möchten. Der Sieg des Kommunismus hätte bereits 1919 das gesamte christliche Abendland zum Einsturz gebracht. Die Beendigung dieser Gefahr wog bestimmt wesentlich mehr, als die Beseitigung von zwei politischen Verführern.«

Im Geiste des Herrn Pabst ließe sich hinzufügen, dass fast ein halbes Jahrhundert nach seiner Rechtfertigung der Morde wiederum Morde gerechtfertigt wurden.

Wie schon erwähnt, finanzierten die zuständigen Instanzen einen »Rechtfertigungs«-Film und das Berliner Boulevardblatt *B.Z.* fand auch auf Anhieb die passende fünfspaltige Schlagzeile: »Wie Rambo schossen sie sich in den Westen.« Und weil niemand diesen Film verpassen sollte, pries man ihn gebührend an: »Die spannende Doku des SFB ist der Stoff für einen Thriller. Das Unglaubliche gelingt, drei Tschechen schaffen es. Viele Deutsche helfen den Flüchtigen, geben ihnen Unterschlupf und nach zwei Wochen können sie von der CIA im Westen in Empfang genommen werden. Die Gebrüder Masin erzählen eine Geschichte, die der Kalte Krieg schrieb. Für das Ulbricht-Regime bedeutete die Jagd eine Machtprobe, die es verlor. Die Genugtuung genießen die Brüder Masin noch heute.«

Und mit ihnen genossen sie deutsche Medien, in denen sie den Film und die Mörder feierten.

Versteckte Hinweise lassen allerdings vermuten, dass sich die zuständigen Strafverfolger des »Rechtsstaats« durch die Aufführung dieses Morde feiernden Films veranlasst sahen, den nie verjährenden Untaten zumindest formal Aufmerksamkeit zu widmen. Danach ist zu vermuten, dass die zuständige Staatsanwaltschaft im Jahr der Ausstrahlung des Films eine »Ermittlung« eingeleitet hatte, die – wie nicht anders zu erwarten – ergebnislos endete und auf diese Weise den »Rechtstaat« gebührend rechtfertigte.

Und diese »Untersuchung« könnte später den juristischen Vorwand geliefert haben, wonach eine »Doppelverfolgung« ungesetzlich sei – im »Rechtsstaat«.

Darauf wird man noch stoßen.

2005: »Masaryk-Preis« für die Masins

Am 2. November 2005 strahlte *Radio Prag* folgende Sendung aus: »Jahr für Jahr um den tschechischen Staatsfeiertag am 28. Oktober kehrt sie wieder, die Frage: Wird der tschechische Präsident diesmal den umstrittenen Brüdern Masin, die Anfang der 50er Jahre eine antikommunistische Widerstandsbewegung gründeten und nachfolgend in den Westen flohen, eine Auszeichnung verleihen? Er tat es auch in diesem Jahr nicht.

Um die tschechische Öffentlichkeit an den Mut der Masin-Brüder zu erinnern, veranstalteten fünf junge Tschechen in der vergangenen Woche einen Gedenkmarsch auf ihren Spuren von der tschechisch-deutschen Grenze bis nach Berlin. Einer der fünf war Ondrej Karas vom Tschechischen Zentrum Berlin.«

Bevor wir uns der Rolle des Herrn Karas widmen, muss der letzte Satz repetiert werden: »Um die tschechische Öffentlichkeit an den Mut der Masin-Brüder zu erinnern …« Mut? Seit wann rühmt wer den Mut eines oder mehrerer Mörder?

Die Antwort müsste lauten: Seit 2005 an der Moldau. Doch damit hatten die Autoren dieser unseligen Sendung ihre Phantasie keineswegs erschöpft.

Weiter ging's im Text mit der Frage:

»›Herr Karas, warum haben die Brüder Masin Ihrer Meinung nach eine Auszeichnung verdient?‹

›Es geht nicht nur um die Gebrüder Masin, sondern um die gesamte Widerstandsbewegung gegen den Kommunismus. Wir denken, dass dieser Widerstand etwas sehr Positives war und wir heute Leute, die sich daran beteiligt haben, als Helden bezeichnen müssen.‹

Die Debatte um die Auszeichnung der Masin-Brüder zieht sich in Tschechien bereits zehn Jahre hin, seit die ›Vereinigung der ehemaligen politischen Gefangenen‹ in dieser Hinsicht aktiv geworden ist. Für viele Tschechen sind die Masin-Brüdern aber eher Mörder als Helden, weil sie in Zusammenhang mit ihrer Flucht nach Deutschland sechs Menschen umgebracht haben. Darf man Mörder mit einer Medaille ehren?

›Also, erstens müssen wir die ganze Vorgeschichte kennen. Die kommunistische Propaganda war in den 50er Jahren sehr stark und die meisten Tschechen haben heute noch diese Propaganda im Kopf, wenn es um die Brüder Masin geht. Das möchten wir verändern. Wir möchten, dass die Menschen wirklich die Quellen studieren und Bücher über die damalige Zeit lesen und dadurch einen neuen Blick auf die Brüder Masin gewinnen.‹

›Zu welchem Schluss wird man nach einem gründlichen Studium der Quellen Ihrer Meinung nach kommen? Wird man die Brüder Masin danach nicht mehr als Mörder bezeichnen?‹

›Also, kurz gesagt: Die kommunistische Regierung war der Initiator des Terrors und der Widerstand war nur eine Reaktion darauf. In dieser Reihenfolge müssen wir die Geschichte verstehen. Und wenn wir die konkreten Taten der Brüder Masin studieren, werden wir sehen: Alle Menschen, die damals ums Leben gekommen sind, waren in irgendeiner Weise mit dem kommunistischen Regime verbunden. Das waren keine unschuldigen Menschen, die nichts getan haben.‹«

Eine öffentliche tschechische Rundfunkanstalt durfte also 2005 unbelangt brutalen Mord in den 50er Jahren als gerechtfertigte Hinrichtungen ausgeben. Da wurde Pabst noch in den Schatten gestellt!

Bemerkenswert an dieser Radiosendung war noch: Ihr Inspirator Karas war in Berlin tätig, indirekt an der tschechischen Botschaft in der BRD. Diese Feststellung ist für die Bewertung auch späterer Ereignisse von Belang. Und in diesem Zusammenhang muss auch die Feststellung getroffen werden: Der »Gedenkmarsch« durch die BRD, an dem Herr Karas beteiligt war, hätte bei Einhaltung der in der BRD gültigen Vorschriften angemeldet gewesen sein müssen. Das wirft die Frage auf: wo angemeldet und von wem nach Kenntnisnahme der Begründung akzeptiert?

Nein, das waren keine Entgleisungen von irgendwelchen außer Kontrolle geratenen Kommentatoren, es handelte sich um den Teil einer antikommunistischen Kampagne großen Stils! Das müsste bewiesen werden?

Das fällt nicht schwer: Neun Tage nach dieser Sendung, wurde eine weitere ausgestrahlt, in der mit Milan Paumer einer der Masin-Kumpanen persönlich vor das Mikrofon trat und ohne Hemmung mitteilte: »Natürlich haben wir Menschen erschossen. Aber das war Selbstverteidigung. Ich weiß nicht, was die Leute sich vorstellen, wie man sich anders vom Kommunismus hätte befreien sollen.«

Und um deutlich zu machen, dass man andernorts diese Morde sogar mit Preisen ehrt, wurden die Hörer dieser Sendung informiert, dass das Mörderpaar Masin in Kanada von der dortigen Vereinigung der Exiltschechen den »prestigeträchtigen Masaryk-Preis« erhalten hatte.

2007: Ärger in Cottbus

Am 22. Januar erschien in der *Lausitzer Rundschau* ein Kommentar von Johann Legner, Titel: »Das Kreuz mit dem Kommunismus – Konferenz in Berlin zum 15. Jahrestag der Öffnung der Stasi-Akten.« Da erfuhren die Leser, wie querig das mit dem Kommunismus-Kreuz ist: »Wie brisant, wie kontrovers die Auseinandersetzung um die kommunistische Vergangenheit heute ist, hatten sich die tschechische Botschaft und die Stiftung Aufarbeitung sicher nicht gedacht, als sie anlässlich des 15. Jahrestages der Öffnung der Stasi-Akten zu einer Konferenz luden. […] Jaromir Stetina, Senator der Tschechischen Republik, argumentiert […]. Immerhin habe sein Land jetzt zum ersten Mal nach 1989 eine Regierung, der keine Kommunisten angehören. Stetina, ein von den Grünen nominierter Parlamentarier, fordert jetzt vehement das Verbot der kommunistischen Partei seines Landes. Die spiele seit vielen Jahren eine verhängnisvolle Rolle. Auf der Konferenz kam auch der lange Zeit völlig verfemte bewaffnete bürgerliche Widerstand nach 1945 gegen die kommunistischen Regimes zur Sprache. Aus den USA angereist war der Tscheche Josef Masin, dessen Geschichte heute wieder Popularität erlangt.«

Das war nicht zu überlesen: Die Geschichte der Masins erlangt »wieder Popularität«?

Welcher Art? Wo? Durch wen? In der *Lausitzer Rundschau* sorgte Autor Legner zunächst erst einmal dafür, dass diejenigen, die – wie er – noch gar nicht lebten, als die Luckauer Morde geschahen, endlich ins Bild gesetzt wurden: »Die Masin-Söhne begründeten nach der Machtergreifung der Kommunisten eine bewaffnete Widerstandsgruppe, die mehrere Polizeistationen überfiel. 1954 gelang ihnen eine spektakuläre Flucht nach Westberlin. Dabei kam es auf dem Bahnhof von Luckau (Dahme-Spreewald) zu einer wilden Schießerei.« (Drei Unwahrheiten in einem Satz: Tatjahr war 1953, Tatort der Bahnhof Uckro und das Tatgeschehen keine »Schießerei«, denn die Volkspolizisten hatten keinen einzigen Schuss abgegeben.)

»Masin sagte, es sei höchste Zeit, nicht nur der tschechischen Untergrundkämpfer zu gedenken.«

Auf diese Weise erfuhr der Leser zunächst, dass einer der beiden Mörder nicht nur aus den USA in die BRD gereist war, sondern auf deutschem Boden auch zu den Rednern jenes sardonischen Treffens gehört hatte, was wiederum den aus Cottbus entsandten Reporter zu einem kritischen Kommentar motiviert hatte.

Wer da überempfindlich sein sollte, könnte die Frage gestellt haben: Verkehrt er etwa öfter mit Mördern?

Nein, dieser Masin als Redner schien ihn nicht gestört zu haben. So wandte er sich den nächsten zu: »Der SPD-Bundestagsabgeordnete Markus Meckel begrüßte die Vorschläge zu einer EU-weiten Initiative. Es sei wenig produktiv, wenn jedes Land diese Rückschau ausschließlich aus seiner nationalen Perspektive versuche.

Joachim Gauck, der einstige Verwalter der Stasi-Akten, warnte dagegen vor all zu schneller Europäisierung der Auseinandersetzung.«

Ich komme nicht umhin, mit Nachdruck zu konstatieren: Der des Mordes an deutschen Bürgern in hohem Maße verdächtige Josef Masin war unbehelligt in die Hauptstadt der BRD eingereist! Belanglos blieb angesichts dieses juristischen Sachverhalts, wer ihn eingeladen hatte und in welchem Land der Pass ausgestellt worden war, den er bei der Einreise vorwies.

Wem dieser Tatbestand normal erscheinen sollte, müsste daran erinnert werden, wie akribisch an deutschen Grenzen die Papiere aller nur im entferntesten des »Terrorismus« verdächtigen Personen gemeinhin überprüft werden. Und spätestens seit der Ausstrahlung des Films, in dem er vor laufender Kamera Morde gestanden hatte, war er in dieser Hinsicht verdächtig. Noch einmal: Morde verjähren nicht!

Bereits diesem Bericht der »Lausitzer Rundschau« war auch zu entnehmen, dass weder den Bundestagsabgeordneten Markus Meckel die Anwesenheit Masins gestört hatte, noch jenen Pfarrer Gauck, der lange Jahre die »Stasi«-Akten verwaltet hatte und vor allem, wenn sich bei den Linken die Chance bot, Verdächtigungen zu publizieren immer zur Stelle war. Unvergessen sein dümmlicher Versuch den nach der Verfassung als Alterspräsident des Bundestages die erste Sitzung eröffnenden DDR-Schriftsteller Stefan Heym daran mit irgendwelchen Notizzetteln hindern zu wollen.

Von tschechischer Seite hieß es, dass den Teilnehmern dieses Berliner Treffens von kompetenten Persönlichkeiten in Prag von einer Zusammenkunft mit Josef Masin abgeraten worden war. So hatte Petr Uhl – einer der Unterzeichner der Charta 77 und deswegen in der CSSR verurteilt – eindringlich abgeraten, sich mit Mördern an einen Tisch zu setzen. Wenn man die Liste der deutschen Teilnehmer an anderer Stelle liest, dürften letzte Zweifel beseitigt werden, dass diese Warnungen ignoriert wurden, was den Verdacht nährt, dass sowohl im Bundestag, als auch in der sogenannten »Stiftung« der »Aufarbeitung« und im »Stasi«-Amt Sympathien für diese Mörder vorhanden waren.

Kehren wir noch einmal in die Lausitz zurück: Der Legner-Artikel hatte am Schauplatz der Morde eine derartige Welle des Protestes ausgelöst, dass sich die Chefredaktion des Blattes veranlasst sah, den Autor eine »Gegendarstellung« schreiben zu lassen. In der Rubrik »Lausitzer Platz« las man von ihm wenige Tage später:

»Es war ein kurzer Satz nur in meinem langen Bericht zu einer Konferenz in Berlin. Es war ein Satz in einem Text zu dem Bemühen die kommunistische Vergangenheit in Osteuropa aufzuarbeiten.

Der Satz erwähnte eine Schießerei auf dem Bahnhof in Luckau-Uckro, ein tödliches Aufeinandertreffen von Volkspolizisten und bewaffneten Tschechen auf der Flucht in die Westsektoren Berlins. Und der Satz war ein Fehler. Denn der Tod des VP-Kommissars Grummini im Oktober 1953 hätte mehr verdient als diesen Satz – zumal in einer Zeitung, die seine Angehörigen lesen. Die haben sich bei der *Rundschau* gemeldet, verletzt und zornig. Sie haben mehr gefordert. Mehr an Recherche. Dabei war dieser vermutete Mangel ein Fehler. Es war die fehlende Anteilnahme. Was ich schon beim Schreiben wusste, was ich heute weiß über diesen Herbsttag 1953 verlangt nach mehr als diesen kurzen Satz. [...] Der Tod schreibt keine kurzen Sätze. Ob und wie aber solche Geschichte nach so vielen Jahren erzählt werden kann, weiß ich nicht. [...] es gibt den Schmerz derer, die einen Menschen verloren. Eine eindeutige Geschichte wird daraus niemals. Sie dennoch zu schreiben, ist schwer. Ich werde es versuchen – in der *Lausitzer Rundschau*.«

Der Leser soll zunächst wissen: Er schrieb das im Jahr 2007. Inzwischen ist der Kalender bei 2010 angelangt und die Leser haben bislang vergeblich auf seine »Geschichte« gewartet.

Der Leser wird aber vor allem erahnen können, wie heftig die Reaktion nicht nur der Angehörigen gewesen war, wenn sich die Zeitung zu solcher Reaktion entschließen musste, was auch darauf schließen lässt, wie glaubwürdig die angebliche »Sympathie« der Lausitz für die Mörder gewesen war. Die Morde waren immerhin vor über einem halben Jahrhundert begangen worden.

Dass der Protest nicht noch nachhaltiger artikuliert worden war, ist mühelos damit zu erklären, dass sich keine Medien dazu aufraffen konnten, den »Gedenkmarsch« und den Auftritt Masins in Berlin gebührend zu kommentieren. Und dieser Auftritt verdient noch einige Ergänzungen.

In einem von der tschechischen Botschaft in Berlin verbreiteten Bulletin, für das Olga Bezdeková und Martin Vadas als Autoren genannt wurden, konnte man einen umfassenden Report lesen: »Im Januar fand in Berlin die zweitägige Konferenz ›Auseinandersetzung mit der totalitären Vergangenheit – Vergleich der Situation der BRD und der CSR im Jahre 1989‹ statt. Sie wurde auf Initiative des jungen Mitarbeiters der Tschechischen Zentren Ondrej Karas vom Tschechischen Zentrum in Berlin gemeinsam mit der Stiftung Aufarbeitung organisiert und fand in der Botschaft der Tschechischen Republik statt.«

Damit waren also auch alle Zweifel beseitigt, wer den Mörder Masin eingeladen haben musste. Sowohl jenes tschechische »Zentrum« als die deutsche »Stiftung« sind keine Privatunternehmen! (Im offiziellen deutschen Instanzen-Text der Stiftung heißt es: »An der Spitze steht der Stiftungsrat. Ihm gehören Vertreter des Bundestages, der Bundesregierung und des Landes Berlin an.«)

Weiter meldete das »Bulletin«: »Für die tschechische Seite waren eingeladen: Alexandr Vondra (er entschuldigte sich im letzten Moment wegen der gleichzeitig stattfindenden Vertrauensabstimmung über die Regierung im Parlament in Prag), Prof. Vílem Precan, Dr. Petr Koura, Josef Masin – Bürger der USA, Ing. Petr Uhl,

Prof. Frantisek Janouch, Dr. Jirina Siklová, Dr. Pavel Zacek, Senator Jaromír Stetina und Dr. Jiri Liska. Moderatoren waren Petr Brod und Jaroslav Sonka.

Für die deutsche Seite waren vierzehn Gäste eingeladen, Prof. Dr. Manfred Wilke – FU Berlin, Doris Lieberman – Stiftung zur Aufarbeitung der SED Diktatur, Prof. Dr. Bernd Faulenbach – Ruhr-Universität Bochum, Wolfgang Jung – *DPA* Prag, Frau Marianne Birthler – Beauftragte der Regierung der Bundesrepublik für die Unterlagen der Staatssicherheit der ehemaligen DDR, Rainer Eppelmann – Stiftung zur Aufarbeitung der SED-Diktatur, Gerd Poppe – Stiftung zur Aufarbeitung der SED-Diktatur, Prof. Dr. Klaus Marxen – HU Berlin, Prof. Dr. Rainer Eckert – Zeitgeschichtliches Forum Leipzig, Joachim Gauck – Verein »Gegen das Vergessen für Demokratie«.

Sie waren eingeladen worden und hatten die Einladung wahrgenommen.

Im Gegensatz zu einem Tschechen, über den man erfuhr: »Der angekündigte Redakteur der Zeitung *Právo*, Petr Uhl, ehemaliges Chartamitglied und neun Jahre im Gefängnis, erschien nicht, er hatte es angeblich abgelehnt, sich mit dem ›Mörder‹ (Josef Masin) an einen Tisch zu setzen. Seine Stellungnahme hatte er einigen der eingeladenen Gästen geschickt, um ihnen von der Teilnahme abzuraten.«

Das Bulletin verlor keine Silbe darüber, dass sich auch nur einer der eingeladenen Gäste durch diese Mahnung hatte bewegen lassen, die Einladung zu ignorieren.

Im Verlauf der Tagung musste es aber zu kritischen Bemerkungen über die Anwesenheit Masins und dessen

Reaktion darauf gekommen sein, denn das Bulletin verriet: »Obwohl Josef Masin in der Debatte feststellte, dass Vilem Precan wahrscheinlich auf einem anderen Planeten gelebt hat, weil seine Schlussfolgerungen völlig falsch sind, hat sich Jirina Siklová in der Pause ihm« (Josef Masin) »zugewandt und ihm die Hand geschüttelt. Sie hat sich das Buch von Barbara Masin gekauft. Sie hat vergessen, dass sie einst im Dezember 1994 auf der Konferenz Opus Bonum in Teplá die Tätigkeit der Widerstandsgruppe der Brüder Masin mit den damaligen ›Überfällen von Zügen durch Josef Stalin‹ verglichen hat, ›die es nicht wert sind, bewundert zu werden …‹

Als Vilém Precan festgestellt hatte, dass der legendäre Masin durch den von Jirina Siklová angebotenen Händedruck nicht gekränkt war, ergriff er selbst die Hand von Josef Masin, hielt sie fest und fragte, ›ob Josef Masin gut schlafen könne, obwohl er so viele Menschen ermordet habe …?‹ Josef Masin antwortete Vilém Precan bereitwillig, wenn er ein Problem mit dem Schlafen habe, solle er sich keine Sorgen machen, er möge in die Apotheke gehen und sich das Schlafmittel ›Ambien‹ kaufen …«

Das alles schien weder Eppelmann, noch Meckel, Birthler oder Gauck nachdenklich gestimmt oder gar zu distanzierenden Worten veranlasst haben. Man hat jedenfalls nie davon gehört oder gelesen.

Am Ende einigten sich die Teilnehmer auf ein Memorandum, in dem auch festgestellt wurde: »Die Teilnehmer der Konferenz sind der Auffassung, dass: […] Gedenken und Ehre nicht nur die Opfer dieser Verbrechen verdienen sondern zweifellos auch die Menschen, die es verstanden, sich dem totalitären Regime entgegenzustellen.«

Ist Mord »Entgegenstellen«?

Im Strafgesetzbuch findet sich kein Hinweis darauf.

Unterzeichnet hatten dieses »Memorandum« Dr. Jiri Liska, Senator, Jaromír Stetina, Senator, Rainer Eppelmann, Stiftung zur Aufarbeitung der SED Diktatur, Markus Meckel, Abgeordneter des Bundestages.

Der Strafantrag

Am 27. November hatte eine Rechtsanwältin einen Brief an die Staatsanwaltschaft Cottbus, Karl-Liebknecht-Straße 33, gerichtet, die eine Strafanzeige gegen Ctirad Masin, geboren 1930, ehemaliger Staatsbürger der CSSR, jetzt Staatsbürger der USA, derzeit wohnhaft in den USA, enthielt. Der Wortlaut:

»Strafanzeige wegen

1. Ermordung des Hermann Grummini, geb. gew. am 08.09.06

2. versuchten Mordes an Helmut Strempel, geb. am 23.10.1929, […]

Beide Taten begangen am 10. Oktober 1953 gegen 4.30 Uhr im Bahnhofsgebäude des Bahnhofes Uckro, Kreis Luckau heute Land Brandenburg

3. Ermordung des Heinz Sunkel, geb. gew. am 10.05.1930

begangen am: 16. Oktober 1953 im Waldstück nahe der Ortschaft Waldow, Kreis Luckau, heute Land Brandenburg.«

Die Strafanzeige wurde erstattet im Auftrage der beiden Töchter und des Schwiegersohns des ermordeten Volkspolizisten Grummini, im Namen der Witwe und der beiden Söhne des Mordopfers Sunkel sowie der Witwe Strempel.

»Die angezeigten Taten der vollendeten Morde und des Mordversuchs sind nach Kenntnis meiner Mandanten auch nach ihrer Darstellung in der *ARD*-Dokumentation ›Der Luckauer Krieg‹, welche am 28.11.2001 ausgestrahlt wurde, bisher ohne juristische Konsequenzen geblieben. Da die eigenen Schilderungen des Beschuldigten Ctirad Masin in der oben genannten Dokumentation ein Geständnis der drei Mordhandlungen beinhalten und damit mehr als ein Anfangsverdacht für nicht verjährte Straftaten begründet wird, sehen meine Mandanten gegebenen Anlass für die Anbringung der Strafanzeige gem. § 158 Abs. 1 StPO.

Die nachstehenden Straftaten wurden im Inland begangen. Das deutsche Strafrecht findet im Sinne des § 3 StGB Anwendung, sodass die vom Beschuldigten Ctirad Masin begangenen Mordhandlungen von den deutschen Strafverfolgungsbehörden zu untersuchen und zu verfolgen sind. Maßgeblich hierfür ist infolge des Einigungsvertrages vom 31.08.1990 Artikel 315 des EGStGB.

Die Tatverdächtigungen ergeben sich aus folgendem Sachverhalt: Am 10. Oktober 1953 erhielt der Anzeigenerstatter Helmut Strempel, damaliger Volkspolizist der DDR, gegen 4.00 Uhr vom diensthabenden Offizier des Volkspolizeikreisamtes Luckau den Auftrag, als Leiter des Schnellkommandos zum Bahnhof Uckro auszurücken.

Bahnhof Uckro im Jahre 2010: geschlossen, die Fenster zugenagelt, nichts erinnert an die Mordtat

Er wurde informiert, dass im Zug, der in Kürze ankommen wird, vermutlich fünf Ausländer seien, die sich im Bahnhof Elsterwerda verdächtig benommen hätten.

Der Zeuge Strempel hatte mit sechs weiteren Volkspolizisten des Schnellkommandos die angewiesene Personenkontrolle der fünf unbekannten Fahrgäste, deren Auffälligkeit und Eintreffen vom Zugbegleitpersonal der Polizeibehörde mitgeteilt worden war, zu unterstützen.

Nahezu zeitgleich traf auch der mit der Durchführung der Personenkontrolle beauftragte Abschnittsbevollmächtigte (ABV) Hermann Grummini am Einsatzort ein.

Der Beschuldigte Ctirad Masin, der mit vier weiteren tschechischen Bürgern den Zug der Deutschen Reichsbahn von Elsterwerda aus mit dem Ziel benutzte, nach Westberlin zu gelangen, stieg bei Ankunft des Zuges um 4.15 Uhr an der Endstation in Uckro aus und begab sich mit seinen Begleitern in das Bahnhofsgebäude.

Als der Beschuldigte hier von dem ABV Hermann Grummini nach seinem Ausweis befragt wurde, zog er, zur Ermordung des Volkspolizisten entschlossen, aus der Innenseite seiner Jacke seine Pistole und schoss sofort Hermann Grummini über dem rechten Auge in den Kopf, wodurch das Opfer tot zusammenbrach.

In der genannten *ARD*-Dokumentation hat der Beschuldigte Ctirad Masin seine Tötungsabsicht beschrieben, indem er äußerte, ›dass keine andere Lösung war es jetzt – wir oder die.‹

Und weiter: »Es war klar, hier kam zu keinem Hände hoch, wir müssen etwas machen, sonst wir müssen zurück ins Gefängnis und hingerichtet.«

Diese Entschlussfassung setzte der Beschuldigte mit der unmittelbar folgenden Tat des Mordversuchs an Helmut Strempel fort:

Nach dem tödlichen Schuss auf das Tatopfer Hermann Grummini versuchte der spätere Geschädigte Helmut Strempel sofort den Beschuldigten zu ergreifen und festzunehmen.

Dem Beschuldigten Ctirad Masin gelang es jedoch über Helmut Strempel zu liegen zu kommen. In dieser Lage schoss der Beschuldigte unvermittelt in den Körper des Geschädigten. Helmut Strempel erlitt 6 Schussverletzungen, davon 4 im Brustbereich. Zum Nachweis der erlittenen lebensgefährlichen Verletzungen wird der ärztliche Bericht des Kreiskrankenhauses Luckau vom 27.7.1954 anliegend beigefügt.

Das Leben des Tatopfers Helmut Strempel konnte nur durch ärztliche Kunst gerettet werden.

Nach dieser Straftat flüchteten der Beschuldigte und seine Begleiter vom Tatort.

Die begangenen Verbrechen lösten sofortige und umfangreiche Fahndungsmaßnahmen der Deutschen Volkspolizei aus.

Der Beschuldigte begab sich von Uckro aus weiter in Richtung Berlin. Dabei wurden er und seine Begleiter von der Volkspolizei und anderen Sicherheitskräften der DDR verfolgt.

Am 16.10.1953 befand sich der Beschuldigte Ctirad Masin in der Gemarkung Waldow, Kreis Luckau. Er sah sich von Polizei und Sicherheitskräften umgeben. Zum Zwecke der Täuschung und Ablenkung seiner Verfolger entschied er sich zu einer weiteren Mordtat. Der Beschuldigte Ctirad Masin erklärte in der *ARD*-Dokumentation dazu: ›Ich wollte auf jemanden schießen, soweit weg von unserer Position, dass sie gedacht haben, wir sind woanders als in Wirklichkeit. Das war ein unmöglicher Schuss mit Pistole, aber trotzdem habe ich das versucht und ich habe ihn getroffen und scheinbar habe ich ihn erledigt.‹

Der Ermordete war der Volkspolizist Heinz Sunkel.

Durch den gezielten Schuss in den Rücken des Opfers hatte der Beschuldigte das Leben des Heinz Sunkel ausgelöscht. Dieses Geschehen bezeugte in der *ARD*-Dokumentation auch der Zeuge Ewald Fitzek. Nachdem der Beschuldigte Westberlin erreicht hatte, wurde er von den dort ansässigen US-amerikanischen Behörden in die USA ausgeflogen. Seither hält er sich in den USA auf.

Der geschilderte Sachverhalt enthält zureichende tatsächliche Anhaltspunkte für das Vorliegen folgender nicht verjährter Straftaten:

1. Die Handlung des Beschuldigten am 10. Oktober 1953 im Bahnhofsgebäude Uckro gegenüber dem Tatopfer Hermann Grummini begründet den Anfangsverdacht des Mordes nach § 211 , Abs. 2 StGB und zwar mit dem Mordmerkmal der Heimtücke. Der Tötungsabsicht des Beschuldigten stand die Arglosigkeit des Opfers entgegen, das in dem Beschuldigten einen unbewaffneten Zivilisten sah, dessen Personenidentifizierung der Volkspolizist pflichtgemäß vornehmen wollte. Das Opfer war im Moment der Straftat ahnungslos und damit wehrlos. Diesen Umstand nutzte der Beschuldigte bei der Begehung der Straftat aus.

2. Die unmittelbar darauf begangene Tat an dem Opfer Helmut Strempel stellt Mordversuch im Sinne des § 211, Abs. 2, 23; Abs.1, 1. Halbsatz StGB dar. Sie erfolgte zur Verdeckung der an Hermann Grummini begangenen Tat.

3. Die geschilderte Handlung vom 16.10.1953 dem Tatopfer Heinz Sunkel gegenüber begründet den Anfangsverdacht des vollendeten Mordverbrechens, began-

gen durch Heimtücke gemäß § 211, Abs 2 StGB, indem der Beschuldigte in Tötungsabsicht das ihm mit dem Rücken zugewandte Opfer aus der Ferne erschoss.

Die Taten des Beschuldigten wurden im Inland begangen. Die Anwendung des deutschen Strafrechts ist gem. § 3 StGB gegeben. Die Taten sind nicht verjährt.

Nach dem vor dem Wirksamwerden des Beitritts der DDR zur Bundesrepublik geltenden Recht war die Verfolgungsverjährung der gem. § 112 Abs. 1 Abs. 2 Ziffer 3, 4 StGB-DDR begangenen Mordtaten nicht eingetreten, da sich der Beschuldigte außerhalb der DDR aufgehalten hatte.(§ 83 Ziff. 1 StGB-DDR)

Gem. Artikel 315 a Abs. 3 EGStGB verblieb es bei der nicht eingetretenen Verfolgungsverjährung. Nach § 78 Abs. 2 StGB des geltenden Rechts verjähren Mordverbrechen nicht. Die mitgeteilten tatsächlichen Anhaltspunkte begründen mehr als einen mit einer Strafanzeige gem. § 158 Abs. 1 StPO vorzubringenden Anfangsverdacht. Das sind insbesondere:

– die in der *ARD*-Fernsehdokumentation ›Der Luckauer Krieg‹ von Ute Bönnen und Gerald Endres erklärten Angaben des Ctirad Masin über die Tathergänge und seine Tatmotive;

– die in der angeführten Dokumentation erklärten Angaben des unter 2. genannten Geschädigten;

– der ärztliche Bericht des Krankenhauses Luckau vom 27.7.54 über die dem Geschädigten zugefügten Verletzungen;

– die in der angeführten Dokumentation erklärten Angaben des Volkspolizisten Ewald Fitzek über seine Wahrnahmen zum Tod des unter 3. genannten Tatopfers.«

Die Cottbuser Staatsanwaltschaft schien auf die Anzeige gewartet zu haben. Nach nur elf Werktagen gab sie die umfangreiche Antwort zur Post und teilte der Anwältin, die die Masin-Opfer vertrat, kühl und knapp mit: »Der von Ihnen angezeigte Sachverhalt war bereits Gegenstand des Verfahrens 1560 Js 25363/01, so dass ich den vorliegenden Vorgang nach dem Grundsatz des Verbotes der Doppelverfolgung gemäß § 170 Abs. 2 StPO eingestellt habe.«

Der von den Staatsanwälten praktizierte Trick, sich aufgrund des faktisch geheimgehaltenen Verfahrens von 2001 nun auf die juristische »Doppelverfolgung« zu berufen, war schon erwähnt worden. Immerhin hatte der in diesem Fall schriftführende Staatsanwalt Mache der Anwältin zehn kopierte Seiten (Weiterer Vermerk) beigelegt, die offensichtlich 2001 die Grundlage für den »Freispruch« der Masins als Mörder geliefert hatten.

Dieser Text ist auch aus purer juristischer Sicht so erbärmlich, dass hier einige »Kostproben« genügen sollten: »Sowohl nach den Angaben der Beschuldigten Ctirad und Josef Masin, als auch nach der Einlassung des Beschuldigten Sveda und der nur in durch Dritte berichteten Auszügen vorliegenden des Beschuldigten Janata war Beweggrund ihres gesamten Handelns die Flucht nach Westberlin aus wirtschaftlichen und politischen Gründen.«

Und rechtfertigen »wirtschaftliche und politische Gründe« etwa mehrere Morde? Aber die Staatsanwaltschaft hatte noch weit mehr ins Feld zu führen: »Keinem der Beschuldigten, insoweit kommen nach den folgenden Ausführungen Janata, Josef und Ctirad Masin in Betracht, ist mit der erforderlichen Sicherheit nachzuweisen, den Kommissar Grummini erschossen zu haben.«

Kein Wort darüber, welche Schritte seinerzeit die Cottbuser Staatsanwaltschaft – in deren Diensten damals Raoul Gefroi stand – unternommen hatte, die Tat aufzuklären, auch nicht, als die Mörder 1991 nach Luckau gekommen waren, um ihren Enkeln den Tatort zu zeigen.

Und dann das Eingeständnis: »Von der Vernehmung von Zeugen ist Abstand genommen worden, weil in Ansehung des Zeitablaufs von mittlerweile über 50 Jahren und des damit verbundenen Erinnerungsverlusts auf Seiten der bekannt gewordenen Zeugen, sowie der Darstellungen des Themas in den Medien damals und heute, die darüber hinaus geeignet sind, die Erinnerung zu verfälschen, hinreichend zuverlässige Bekundungen nicht mehr zu erwarten stehen. Dies um so mehr, als es für die Beurteilung, ob der Mordtatbestand erfüllt ist, auf von den in Betracht kommenden Zeugen regelmäßig auch als solche betrachteten Nebensächlichkeiten ankommt, hinsichtlich derer das Erinnerungsvermögen grundsätzlich weniger stark ausgeprägt ist und sich das in Rede stehende Geschehen insgesamt als ein sich ausgesprochen schnell entwickelndes bei ungünstigen äußeren Bedingungen, wie Beschuss und dadurch bedingter Sorge um das eigene Leben, darstellt, womit weitere Umstände vorliegen, die mit den schon genannten gegen zureichend sichere Bekundungen sprechen.

Versuche, an die Ermittlungsakten der Deutschen Volkspolizei in Tschechien zu gelangen, sind nicht unternommen worden, da hiervon weitere Aufklärung für die in Rede stehenden Fragen nicht zu erwarten war.« Und dann das Bände sprechende Bekenntnis: »Die Beschuldigten Paumer sowie Josef und Ctirad Masin sind niemals verantwortlich vernommen worden.«

Und dann noch: »Im Hinblick auf das Geschehen in dem Bahnhof Uckro wird weitere Aufklärung kaum zu erlangen sein, da die Angaben der Zeugen in die Berichte der früheren Deutschen Volkspolizei, die in den hier vorliegenden Akten D01/11/777 HVDVP enthalten sind, eingeflossen sind. Der Wert dort vorhandener Protokolle über die Zeugenvernehmungen ist zweifelhaft. Dies deshalb, weil sich die Zeugen aus den bereits genannten Gründen, in Anbetracht des Zeitablaufs auch auf Vorhalt kaum mehr zuverlässig erinnern können dürften und – auch heute noch – sofern es sich um frühere Angehörige der vormaligen Volkspolizei handelt, Anlass dazu haben dürften, etwa im Falle des Unterkommissars Strempel, eigenes Fehlverhalten zu kaschieren.«

Das ist »Rechtsstaat« pur: Der in jedem Mordfall zu Ermittlungen verpflichtete Staatsanwalt verzichtet aus Prinzip auf die Vernehmung von Zeugen, weil er ihnen – natürlich aus politischen Gründen – »Fehlverhalten« unterstellt. Nicht einmal die Protokolle hatte der Staatsanwalt gelesen.

Er verstieg sich zu der skandalösen Behauptung: »Nach den Feststellungen zum Sachverhalt ist den Beschuldigten ein (versuchter) Mord bzw. eine Beteiligung hieran mit der Folge nicht mit der für eine Verurteilung hinreichenden Wahrscheinlichkeit zu belegen, dass sämtliche ihnen angelasteten Vergehen und Verbrechen verjährt sind. [...] Zwar kann nach den nunmehr festgestellten Tatsachen davon ausgegangen werden, dass ein Verbrechen des Mordes weder zum Zeitpunkt des Inkrafttretens des StGB-DDR vom 12. Januar 1968 am 1. Juli 1968 noch zum Zeitpunkt der Wiedervereinigung verjährt gewesen wäre.

Den Beschuldigten ist indes schon nicht nachzuweisen eines der noch heute geltenden Mordmerkmale in der Fassung des zur Tatzeit geltenden § 2 des Gesetzes zur Änderung des Reichsstrafgesetzbuchs vom 04. September 1941 (RGBl. I, S. 549) erfüllt zu haben.«

Doch sind die Argumente, mit denen sich der Staatsanwalt bemüht, die Unschuld der Masins nachzuweisen damit längst nicht erschöpft: »Hinsichtlich des Geschehens im Bahnhofsgebäude in Uckro ist zunächst festzuhalten, dass nicht mit der gebotenen Sicherheit ermittelt werden konnte, wer den Kommissar Grumini erschossen hat. Insoweit stehen sich widersprüchliche Feststellungen gegenüber. [...]

Aber auch sonstige niedrige Beweggründe kommen insoweit nicht in Betracht. Zwar ist in der Rechtsprechung anerkannt, dass in Fällen, in denen der Täter tötet, nur um flüchten zu können, auch sonstige niedrige Beweggründe vorliegen können (BGHR, StGB, § 211 Abs. 2 niedrige Beweggründe 3, 7, 8, 21; BGH StV 2000, 74ff.). Auf Grund der vorgeschilderten konkreten Situation in der Bahnhofshalle in Uckro ist indes nicht mit der gebotenen Sicherheit auszuschließen, dass der Beschuldigte Ctirad Masin sich durch das Auftreten der Volkspolizisten Grumini und Strempel, spätestens aber im Zuge der körperlichen Auseinandersetzung mit Letzterem eines unmittelbar bevorstehenden Angriffs auf sein Leben versehen hat, womit die Motivation seines Handelns nach allgemeiner sittlicher Wertung schon nicht mehr als auf tiefster Stufe stehend zu erachten ist.«

Hätte einer der in die Geschichte eingegangenen großen und erfolgreichen Mörder-Verteidiger überzeugendere Worte finden können?

Nein, der Staatsanwalt von Cottbus hatte seinen Vorrat an Unschuldsbeweisen noch immer nicht erschöpft: »Heimtücke scheidet ebenfalls aus. Denn die in Uckro zum Einsatz gelangten Kräfte des Schnellkommandos waren nach Lage der Akten D01/11/777 HVDVP vorab davon unterrichtet worden, dass die Beschuldigten bewaffnet sein konnten und verhielten sich, für die Beschuldigten ersichtlich, entsprechend.«

Und er fand auch, dass der tödliche Schuss auf Sunkel im Grunde kein Mord war: »Der Beschuldigte Ctirad Masin räumt hinsichtlich des Geschehens am 16. Oktober 1953, die Beschuldigten sind zwischenzeitlich durch mehrere tausend Volkspolizisten verfolgt, nahe Waldow in einem keinen Waldstück eingekesselt und wiederholt beschossen worden, ein, den Hauptwachtmeister Sunkel erschossen zu haben, um das Feuer der Volkspolizisten, die wahllos auf alles geschossen hätten, abzulenken. Er sei nur noch von dem Gedanken beseelt gewesen, sie alle seien so oder so tot, aber den Ausbruch hätten sie wenigstens versuchen wollen. Auch insoweit kommt Mord zur Verdeckung einer anderen Straftat nicht in Betracht.

Denn die äußeren Umstände sprechen dafür, dass für die Beschuldigten, und damit auch den Beschuldigten

Ctirad Masin, die Ablenkung des Feuers der Volkspolizei und die spätere Flucht zum Zwecke der Erhaltung des eigenen Lebens der allein bestimmende Beweggrund für dieses Tun war.«

Und so schließt der Staatsanwalt allen Ernstes sein Plädoyer zugunsten der Mörder mit folgendem juristischen Verweis: »In allen Fällen bliebe Totschlag zu prüfen, der jedoch gemäss § 5 EGStGB i. V. m. § 82 Abs. 1 Nr. 4 des am 01. Juli 1968 in Kraft getretenen StGB-DDR vom 12. Januar 1968 mit Ablauf des 30. Juni 1983 verjährt war. Letztlich kann dahingestellt bleiben, ob das Verhalten des Beschuldigten Ctirad Masin den Tatbestand des Mordes nach § 112 StGB-DDR vom 12. Januar 1968 erfüllt, denn nach § 81 Abs. 2 StGB-DDR wären die Taten auch nach diesem Gesetz als Totschlag zu ahnden gewesen.«

Der Rest war das in solchen Situationen übliche Schweigen.

Die Anwältin legte Beschwerde ein, der Generalstaatsanwalt von Brandenburg räumte die gröbsten juristischen Schnitzer – »zu Recht wenden Sie ein, dass das Verbot der Doppelverfolgung im zu beurteilenden Fall nicht gelten kann« – und fand dann, dem Cottbuser Staatsanwalt Hilfestellung leistend, folgende Erklärung: »Die Staatsanwaltschaft hat bei ihrer von Amts wegen veranlassten vorangegangenen Prüfung des Sachverhalts die zur Verfügung stehenden Beweismittel berücksichtigt und mit sorgfältigen Erwägungen ausgeführt, dass es an hinreichend sicheren Anhaltspunkten für Mordmerkmale fehlt. Ihre in diesem entscheidenden Punkt abweichenden Deutungen sind nicht zwingend. Zu beachten bleibt bei der Beweiswürdigung, dass die erhaltenen Unterlagen, die vor 55 Jahren entstanden, nicht vollständig sind und keine zeitnahen Angaben des Beschuldigten Ctirad Masin vorliegen.

Die vom Beschuldigten Ctirad Masin 48 Jahre nach den Vorfällen abgegebenen Erklärungen sind strafprozessual bedeutsamen Angaben nicht gleichzustellen.

Ihre Beschwerde kann daher keinen Erfolg haben. Eine Rechtsmittelbelehrung ist beigefügt.

Hochachtungsvoll

Im Auftrag Jähnert-Piallat.«

Bliebe noch zu erwähnen, dass sich die Angehörigen der Opfer bei der Anwältin für ihre Mühe bedankten. Weitere Schritte vor die nächsthöheren Instanzen hätten die finanziellen Möglichkeiten überschritten und es war zu vermuten, dass diese Instanzen ebenfalls zu dem Schluss gelangt wären, dass den Masins und ihren Mordgesellen aus »wirtschaftlichen« und »politischen« Gründen gar kein anderer Weg geblieben war, als zu morden. Sowohl in der Tschechoslowakei als auch in der DDR.

Ins Feld geführt wurden von Staatsanwälten juristische und von Politikern, die eigentlich Geschichte »aufarbeiten« oder herausfinden sollen, wer dem Staat DDR gedient haben könnte, politische »Motive« für ihre Mordtaten und die Politiker hielten es auch nicht für verwerflich, mit einem der Mörder an einem Tisch Platz zu nehmen. Und alle beriefen sich auf den »Rechtsstaat« und darauf, dass es vonnöten ist, den »Unrechtsstaat« zu schmähen. Und damit stillten sie ihr möglicherweise aufkommendes schlechtes Gewissen!

Der große Bertolt Brecht schrieb einmal: »Es gibt viele Arten zu töten. Man kann einem ein Messer in den Bauch stechen, einem das Brot entziehen, einen von einer Krankheit nicht heilen, einen in eine schlechte Wohnung stecken, einen durch Arbeit zu Tode schinden, einen zum Suizid treiben, einen in den Krieg führen usw. Nur weniges davon ist in unserem Staat verboten.«

Die Morde der Masins beweisen, dass es nicht einmal verboten ist, jemanden zu erschießen!